清·鄂爾泰 張廷玉撰

詞林典故

（一）

中國書店

詳校官編修臣朱鈐

御製詞林典故序

詞林典故書成大學士張廷玉等以序請朕惟六經之士豈易言哉而況躋玉堂而列芸署者盡六經之彥也木天故事歷代沿革具見於斯則又何言惟是國家重館閣之選極優遇之隆詎止蜚其英聲將以華國而已哉如濂溪所謂文以載道者舍是無他求夫布衣韋帶之士由立言以期不朽足矣若夫國家右文重道將以淑世熙績繼往聖之絕學開萬世之太平胥是賴焉名

之盛者實難副任之大者責彌重譽之來者毁亦隨其
尚思春華秋實之喻而凜虚車觾楦之譏哉

乾隆戊辰孟春

書詞林典故序畢因以賜大學士張廷玉兼成四絕句

儘有研京並練都導言何用但吹竽便將翰苑登瀛譜喚作卿家世系圖

日影花甎鈴索靜春風芸署牓題雙竇山自古稱佳話事業何人繼曲江

韻集燕公四十賢劉昭禹云五言律如四十箇賢人晨星數罷一悽然朕幸翰苑賡吟者如大學士鄂爾泰尚書張照輩不數年皆物故矣即看壁府裒成帙重

憶柯亭劉井邊
見說房公獨善謀皤皤長領鳳池頭更兼兩世桓榮席
誰不云然勝一籌

欽定四庫全書　　史部十二

詞林典故　　職官類 官制之屬

提要

臣等謹案詞林典故八卷乾隆九年重修翰林院落成

聖駕臨幸

賜宴賦詩因

命掌院學士鄂爾泰張廷玉等纂是書乾隆十二

年告成奏

進

御製序文刊行凡八門一曰

臨幸盛典二曰官制三曰職掌四曰恩遇五曰藝文

六曰儀式七曰廨署八曰題名

臨幸盛典即述乾隆甲子讌飲賡歌諸禮以為是

書所緣起故弁冕于前官制職掌皆由西漢

以至

國朝以待詔之選寫書之官皆自漢肇其端也
恩遇則斷自唐代以專官自唐始也於
列聖及我
皇上寵渥之典別分優眷遷擢侍宴賚予詞科考
試議敘贈卹八子目著
聖代右文遠逾前古也藝文惟收唐以來御製及
應制諸作而詞館倡和不與焉美不勝收也
儀式廨署亦皆斷自唐代與恩遇門同例題

名則惟載

國朝近有徵而遠難詳也考翰林有志自唐李肇始洪遵輯而錄之凡十一家然皆雜記之類也其分條列目彙為一編者自程俱麟臺故事始陳騤以下作者相仍然皆僅記一代之事朱彝尊作瀛洲道古錄又於

今制弗詳故張廷玉等進書表稱槐廳芸署不必前聞劉井柯亭獨饒故事但紀載非無散

見而薈萃羣有全書令仰稟
聖裁始成巨帙元元本本上下二千載始末釐然
稽古崇儒之盛洵前代之所未有矣乾隆四
十九年三月恭校上

總纂官臣紀昀臣陸錫熊臣孫士毅

總　校　官　臣　陸　費　墀

經筵日講起居注官太保保和殿大學士兼吏部尚書仍兼掌翰林院事三等伯加五級臣張廷玉等奉

勅修輯詞林典故告竣恭呈

睿覽臣等謹奉

表恭

進者伏以

景運啓圖書丕煥奎躔之色

宏模垂琬琰永增册府之光

羅中秘之傳聞瑶編絢日

志仙曹之法守錦帙霏霞藜照同輝芸香倍馥臣等
誠惶誠恐稽首頓首上言竊惟翰林邇華蓋古號
清班學士登瀛洲世稱榮選爵秩剏與於唐代官
制漸備於歷朝雖沿革互有不同而職業總歸一
致蓋鑾坡侍從實為顧問所資而鼇禁追趨與有
論思之責非直摛華掞藻誇桑翰於儒林傍日瞻
雲侈榮階於內相而已歷考右文之代典學常勤
惟茲珥筆之官加恩勿替青綾翠錦自昔豔為美

談蓮炬花墩至今傳為佳話是以槐廳芸署不少
前聞劉井柯亭獨饒故事但紀載非無散見而薈
萃罕有全書茲蓋伏遇
皇帝陛下
舜德重華
堯文光被
建中和之極玉振金聲
攬制作之全星陳雲爛時值

萬幾之暇
賜幸玉堂遂令百世之榮騰聲璧府猶以官曹舊設宜
討論其源流載籍紛歧應蒐羅其事實爰奉纂修
之
命輯成典故之書起例發凡由
國朝以上推往代條分縷析自官制而下及題名繫以
職司知紀言之有要稽其姓氏見入選之為榮統
以八門釐為八卷況乃

鸞旗寵賁
鳳藻髙騫榮施卓冠於成編
盛典彌超於往牒由今視昔諒千秋運會之難逢伊
古來兹信此日文明之極盛雲翔閬苑
恩溢瀛波臣等學愧雕蟲才慙繡虎入瓢道上忝侍游
歌五色雲中恭瞻
翰藻幸編摹之有屬思報稱以逾難擬在官而言官懼
隸事而遺事無如見聞固陋學殖荒蕪既識記之

不詳亦鋪揚之未盡伏願
乾坤度量寬挂漏之跡
雲漢光華增簡端之重則昭垂藝苑彌珍李肇之編
傳播詞垣可補陳騤之錄矣臣等無任瞻
天仰
聖激切屏營之至謹奉
表隨
進以

聞

欽定四庫全書

詞林典故卷一

臨幸盛典

我

國家誕受

天命百年於茲

列聖重光德化翔洽

皇上紹膺大寶文治昌明崇禮官考制度麟麟炳炳與

唐虞三代媲隆矣歲甲子
親臨院署隆儀茂典徧及儒林往牒所傳罕有倫比維
時臣鄂爾泰 臣張廷玉實掌院事恭逢
大禮慶成頓首入謝伏念翰林地望清華古稱榮遇
累朝掌故宜有完書雖在唐有李肇翰林志韋執
誼翰林故事在宋有蘇易簡續翰林志陳騤館閣
錄在明有黃佐翰林記諸家譔述各著於時然或
專載一朝未晰端委且從來見聞所及盛事美談

至我
朝為尤備因請裒集成編以揚麻光而表鴻懿
温旨允行臣等退而敬率同官甄綜故實分類排纂曰
臨幸盛典曰官制曰職掌曰恩遇曰藝文曰儀式曰廨
署曰題名統著之曰詞林典故為卷凡八釐次以
進惟是
聖駕俯臨宜歸恩遇而特詳書典禮冠諸簡端者一以
誌古今未有之殊榮一以紀修輯兹編之緣起皆

於是乎在云

乾隆八年冬

上以翰林院署歲久傾圮

詔頒太府金重加修葺

命户部尚書臣海望工部尚書臣哈達哈户部侍郎臣

三和董其役越歲迄工若門若堂若廳若亭若垣

黝堊丹雘嚴翼崇閎九年十月

御書稽古論思集賢清秘二額顏其堂並

賜古今圖書集成一部貯寶善亭
勅所司諏吉日送掌院大學士進院
上親臨錫宴先期禮臣具儀注以聞二十七日庚午大
昕
車駕出長安左門設鹵簿掌院大學士及翰林官俱絲
服集院門外跪迎
乘輿大臣奉引前導
車駕入詣

先師祠行禮有司預入設

御席於後堂中

寶座前南向設掌院大學士及分韻諸臣席於堂上其餘以次設於東西廊及左右階下俱東西向樂部陳中和韶樂於東西廊下陳中和清樂於東廊下陳丹陛大樂於敬一門之旁俱北向有頃中和韶

樂作奏隆平之章

上御吉服升坐樂止丹陛大樂作奏慶平之章掌院大

學士率羣臣由左右閣道入至階下行禮如大朝儀樂止羣臣詣坐次一叩首坐丹陛大樂作奏文物京華盛之章

上進茶羣臣就坐次一叩首樂止侍衛授羣臣茶行禮如前飲畢亦如之尚膳移

御膳近前中和清樂作奏玉署延英之章

上進饌樂止承應上陳唐代十八學士登瀛洲故事有司以饌分授各筵承應止乃撤尚膳復進

御宴席兼設羣臣宴掌儀奉臺盞及壺巵由中堺進丹
陛大樂作奏延閣雲濃之章羣臣俱起立掌儀進
至廊東西向立酌酒進爵大臣出班跪羣臣畢跪
掌儀以臺盞授進爵大臣恭進
御前復跪前所
上進酒進爵大臣一叩羣臣皆一叩進爵大臣起至
御前受臺盞下復跪掌儀跪接而退羣臣起立掌儀以
金巵酌酒立

賜進爵大臣進爵大臣一叩飲畢掌儀立取卮退進爵
大臣再叩興退樂止羣臣皆坐承應上陳唐代晦
日幸昆明池百官賦詩故事
上召大臣以次至
御前
賜酒咸跪飲一叩首退侍衛分授羣臣酒行禮如
賜茶時復坐承應止丹陛大樂作奏慶平之章大臣暨
羣臣起立趨階下謝宴行禮如初樂止中和韶樂

作奏顯平之章羣臣皆退儀部恭導
上至齋房更衣
駕出掌院大學士率羣臣於院門外跪送禮成方
讌之初設也扶桑旭日纔上觚稜沆瀣珠光猶盈仙
掌
皇上升黼座顧輔臣而言曰時當陽月和煦如春
天心忻洽朕與諸臣交慶之羣臣咸頓首稱賀奉
旨重葺翰林院落成車駕臨幸錫宴送大學士鄂爾泰

張廷玉進署以張說東壁圖書府五律字為韻賦
東字音字二首勅諸臣各分一字賦詩
上又念人數為字所限未能遍及從臣
命復賦柏梁體一篇
上首倡諸臣依次分韻俾凡籍翰林及既改官晉秩而
舊為翰林者皆與焉總百六十有五人當承應上
時
上舉十八學士登瀛洲事顧大學士臣爾泰臣廷玉曰

御等無媿房杜顧朕弗逮唐太宗耳二臣惶恐避

席奏言

陛下上法堯舜過唐太宗遠甚臣等謭劣亦思孜孜日

贊少効交修之責然限於才力媿出房杜下有負

聖諭因頓首謝

上又因昆明池賦詩事諭羣臣曰翰林之職雖在文章

要貴因文見道爾諸臣當明體此意羣臣竦然敬

聽復頓首謝宴畢

賜樂善堂全集性理精義各一部及名茶文綺箋絹時
果有差羣臣趨出候
駕於河堤之東日未移晷尚書公臣訥親捧
御製七言長句四章宣示命和則
上又於更衣次所走筆立成者也羣臣跪誦於金和玉
節之中寓明良一德之旨相與驚歎以為天縱化
神從古帝王所未有
駕出欽承

天語戒諫崇實於末章深致意焉

御製得東字

撫序權居北占星壁在東斯干歌翰苑於樂邕儒風改

殿當年異登瀛此日同三台司道筦二老亮天功樂具

卿雲奏筵開湛露融底希光舊史長此賛微躬

大學士伯臣鄂爾泰得壁字

稽古鑒冰淵集賢逮珠礫

清鑾一幸臨曲宴重申錫湛湛露零蕭煌煌雲拂翟聆

言發羣蒙望道生微的愧切亮天功感深維
帝績濡毫紀玉堂掞藻雕瓊壁
大學士伯臣張廷玉得圖字
御雲籠玉署
黼座啓蘿圖顤影迎
天步金聲仰
聖謨
龍文成五采虎觀拜諸儒襄贊臣何有賡颺

帝曰俞宴歌魚在藻詩叶鳳鳴梧兩世桓榮席捫心感

愧俱

大學士臣福敏得書字

瀛海通仙島蓬萊近

帝居經營

命將作師濟集華裾吉日鳴

鑾輅彤雲麗玉除歌詩傳漢體掞藻邁唐初典以

絲綸重賢從棫樸儲皇哉

文治蔚金管不勝書

大學士臣陳世倌得府字

鳳沼搆新模

金根臨秘府昭回斗極瞻

揆麗天葩吐署牓煥

宸章肆筵優上輔賡歌遇盍隆式宴

恩尤溥芸館得師資綸扉慚步武瑤編盛事傳

泰運符三五

大學士臣史貽直得西字

延閣崇華搆丹楹煥碧題五雲承

玉輦

六馭下金閨珠樹聞鸞噦梧岡有鳳棲𩇕黃漢詎擬飛

白宋寧齊清漏因風遠餘香滿袖攜

皇儀儼升日鵠佇

御河西

禮部尚書臣任蘭枝得園字

蓬觀輝文棟儒風振禮園

輦臨承寵渥宴錫拜

恩蕃領署榮朝宰斯文仰

至尊翰林華蓋近仙牓紫雯騫地有儲材重庭雲緯露

繁侍

宸會儁忝燕賀喜同論

兵部尚書臣彭維新得翰字

玉河鼇柱凝冰署彙飛煥

法駕此經臨錄圖仰總貫晴暉麗廣欄
天藻瞻層漢褒哀鼎台榮飲和卿士衍陪遊殊北門稽
典軼東觀交勉抒丹誠寧徒濡紫翰
刑部尚書臣張　照得墨字
天祿成雲亭經郛闢香域知印重黃扉為龍下
紫極詞猗玉井蓮翰潑金壺墨
瑶札開日華文機効花織咸歌
元首康宜竭股肱力臣筆乏顏筋茗華辱鐫勒

工部尚書臣汪由敦得林字

瀛沼文章囿蓬山道德林論思寅亮重著作職司
欽秘署新雲構
鑾輿賁日臨
仙毫揮禹篆
聖藻協虞琴列座霑需澤分箋屬雅吟榮因稽古力賡
拜奉
徽箴

左都御史臣劉統勳得誦字

詞垣棟宇新

天筆龍鸞縱地接五雲多人仰三台共雍容

大駕臨左右元臣從賓筵周禮陳韻字唐賢用颺言到

衆僚紀事聽輿誦允矣毓珪璋休哉興雅頌

吏部侍郎臣阿克敦得詩字

文槐雲際起彩仗日邊移

天什披瑤檢

恩波溢鳳池圖疇開聖統禮樂及昌期

寵錫夔龍佐文聯班馬詞持衡慙厥職珥筆憶當時燕

樂承

君貺同歌保定詩

戶部侍郎臣梁詩正得聞字

秘苑新芭茂清時洽軌文領才資碩輔優禮荷

明君燕酒周王藻鑾旂魯泮芹

題瞻重壁合韻許列仙分

帝曜輝丹地奎躔麗錦雯湘縢增故事
盛典越前聞
倉場侍郎臣彭樹葵得國字
冊府慶重新堂廉賡一德雍容侍從才鄭重清華
職鼇禁爍星躔蘭臺依
斗極深嚴鳳來儀峻聳鳥斯革
綵仗藹襂纚
薰歌垂麗則寧惟異數誇矢報期華國

兵部侍郎臣陳悳華得政字

西清文囿開東壁奎躔映孔昜煥離明來遊宣

巽命風華首

盛朝勸相美王政

龍畫燦璇題天漿挹斗柄槐廳湛露歌藜閣斯干詠三

爵秩宏儀千秋逢

主聖

刑部侍郎臣錢陳羣得講字

輪奐起奎垣螭鼇迎

御棒向榮柯發條濬脈井通港周孔會精神堯湯齊背

項山輝玉韞烟川媚珠胎蚌龥俊重旁招論思資

坐講所希均化鑪俗厚銷爭詬

工部侍郎臣德　齡得易字

人文慶化成石渠煥新宅

聖日親降臨台星領仙籍弼諧襄禹謨幽贊研羲易英

濩動金廂雲罍羅綺席

九重深念典寮采思無斁湛湛露斯零柯亭森翠柏

工部侍郎臣呂　熾得見字

文教首蓬瀛

鴻儀令創見鑾坡楹桷新瓊牓星雲絢廳樹颺龍旂亭

波涵雉扇欣瞻

日采臨特重珠衡眷雅韻發金聲華筵羅玉饌卿僚載

拜賡千古傳詞院

內閣學士臣宗室塞爾赫得天字

美煥瞻新署
温綸錫九天
洪頤森羽衛清珮萃班聯仙榜雲霞爛
宸章日月懸馨承頒玉醴榮忝立花磚載頌逾三祝興
歌叶五絃昇平叨盛遇寧數撤金蓮

内閣學士臣德　新得心字

省署森丹艧鈞衡簡
帝心堂開紛積玉牓列燦垂金鏘珮儒臣集和鑾

聖主臨雕盤分

御餞

鴻藻譜瑤琴共聽薰風奏羣賡湛露吟承

恩重二老由豫盍冠簪

內閣學士臣秦蕙田得位字

垂裳郅治昌建極文思賁洵直叶風詩殊榮光鼎

位

羲文緯壁輝

舜日金坡被沆瀣泛瑶卮韶咸諧鳳吹
恩涵劉井深化與瀛堧暨染翰職絲綸銘心拜
嘉賜
副都御史臣勵宗萬得竊字
帝籙運昌明詞林地清切丹青聿壯觀把梓儼成列
光華雲日昭
恩數古今絶韻許百僚分醴因元老設兩省歷追陪三
世重叨竊報稱夫如何低徊緬曩哲

通政使臣敷文得和字

翬翼占奎朗鸞鳴協景和盛儀班玉陛

清蹕駐鑾坡署迴金華爛池深魚藻多

鴻恩榮輔弼燕喜集簪珂湑露詩堪比陽春節乍過小

臣司獻納大化詠菁莪

通政使臣張若靄得羹字

華省葺初成鸞臺聽

輅聲九天瞻

黼黻六琯奏韶莖
露向豪端湛春從句裏生詩分燕國字禮重傅巖羹
曠典光圖牒羣材萃
盛明小臣慚接武兩代沐
恩榮

大理寺卿臣嵩　壽得重字
睿澤逮仙班元衡
恩禮重廣儲梁棟材曰惟舟楫用的皪八磚明深沈三

館共推誠遠邁唐題署還超宋欣覩
翠華來得叨簪筆從卷阿愧矢音願效王褒頌
詹事臣張鵬翀得恩字
仙禁新丹采龍墀貢紫軒百年文際盛二老德彌
惇讌樂隆儀備圖球
至教尊
璇題睽象緯
睿思緼乾坤苑樹先春氣宫袍得酒痕小臣蒙

眷渥分韻亦沾恩

太僕寺卿臣劉　綸得叨字

蓬館迎

仙仗堯觴許共叨築堤延上相珥筆列詞曹鑾署硯

清切

龍章荷寵褒詩徵羣玉府樂譜八琅璈軏影移瑶席罏

香覆纈袍願言銘

盛軌虞抃戴瀛鼇

僉都御史臣嵇璜得醉字

蘭臺望崇嚴芸館職清秘宏規煥木天
御氣通丹地奎壁炳台衡雲霄紆
日轡
帝歌鳴鳳儀
宸筆翔鸞賁宴衎頌那居禮成歡既醉館規拓前編仙
籍資新記鵠鵠盼槐廳祥烟鬱深翠

少詹事臣裘曰修得酒字

瀛池儼跨虹蓬觀屹連斗麗日擁冠裳清風開户
牖熀煌
璇牓書瀲灩雕筵酒道義光三辰縹緗羅二酉雍雍
趨末階穆穆瞻
聖后許
國有寸心相將期不朽
侍讀學士臣世　臣得淵字
熙朝文治洽

聖主右文深壁府圖書煥芸臺
法從臨羣仙賡雅什一德贊天諶玉醴盈尭斝金巵
叶舜琴叨榮逾往古勉學媿分陰忝竊無由報題
辭罄末忱
侍讀學士臣于振得載字
紅泉耀星楣紫氣迎
仙隊藝苑慶遭逢
宸襟欣茂對堂深香穗凝擔聳行雲礙

寶墨煥晴霞璚漿浮碧灔豈惟重鵷鷺良以優鼎鼐徵

臣職

起居紀錄光前載

侍讀學士臣陳邦彦得歌字

桂苑宏規迥瀛洲

翠輦過

雙題日月麗

五字錦雲羅班坐開嘉讌分曹奏短歌禮從耆德重

恩被侍臣多遲暮依青鑾追陪振玉珂染豪賡喜起拜

手誦卷阿

侍讀學士臣涂逢震得春字

酉山開秘苑甲觀敞重闈五緯奎文聚三階慶澤

新上公同授簡庶寀共垂紳牋為題詩擘

恩沾醉酒均

天香分玉案綺席錯花茵獻壽隨賡筋同賡億萬春

祭酒臣崔　紀得興字

論道重三台崇儒臨
萬乘雕楹賀燕翔藻井文虹亘鎬宴酌金罍虞諧調玉
磬參差花影移糺縵雲祥應幸際代明良彌祈天
保定相將贊治機詎比吟春興
侍讀臣夔　慶得曲字
蘭省駐
宸輿瓊筵徵雅曲紘瀛
聖化咸霖雨台臣屬秀綵結華輪雕甍迎瑞旭典墳政

所資德義心斯沃渠水戢駕鶩金臺羅駿騄登瀛

愧匪材敬業期深勗

侍講臣觀保得情字

萬幾餘暇日芸署葺初成葭管緹廬寂寒花

輦路榮堯年甲子始舜樂應鐘鳴良輔方聯鼎諸臣

共獻觥醧頌

天澤美壁映彩豪横掌故傳鴻典康哉洽

聖情

中允臣于敏中得竭字

香浮白虎樽雲護蒼龍闕

明良際泰階

警蹕傳陽月班依

寶仗分牓啓

銀鈎揭

恩光浹鼎台

宸詠聯簪笏題標麗正詩盛紀蓬萊碣寵榮被詞臣勉

矢涓埃竭

中允臣董邦達得爲字

梓材賁鄧林綺組榮金匱彩映上台星光分香案吏和羹袞繡聯受爵簪裾華奎斗麗飛甍雲烟籠寶字仰恩聖主恩俯葢愚臣愧古訓期服膺巳人審所爲

贊善臣宋　楠得知字

玉巵傳

綸綍金門盛羽儀自天飛
翠蓋就日捧瑤巵論道敦耆舊敷言廣
訓辭風清鵷鷺觀人在鳳凰池
恩湛三霄露文犇五色絲
聖顏瞻有喜應許侍臣知
御製得音字
木天臨翠輦鵷侶集華簪廣學心常切因文道可尋橫
汾陰豈昔來泮水猶今禮樂於斯盛軼疊取次斟詩犇

得珍字辭喜獻官箴返鑾重城暮猶聞歌誦音

御製

重開甲子文治昌

佐文贊治資賢良大學士伯臣鄂爾泰以

聖繼

聖垂經常大學士伯臣張廷玉於赫

太上示清行大學士臣福敏繩武弼基繄我

皇大學士臣陳世倌四聰四目開明堂大學士臣史貽直野無遺賢始

悅康 禮部尚書臣任蘭枝 梗楠杞梓松柏桑 兵部尚書臣彭維新 珣玕琪映瑹琳瑯 刑部尚書臣張照 從龍從虎雲風翔 工部尚書臣汪由敦 葭徵玉管迨初陽 左都御史臣劉統勳 集賢落成隆桷桒 吏部侍郎臣阿克敦 連延窈窱以輝煌 戶部侍郎臣梁詩正 老槐蔽景綠庭廊 倉場侍郎臣彭樹葵 奪暑卻寒溫又涼 兵部侍郎臣王承堯 法度既備丹雘彰 兵部侍郎臣陳惪華 諄誨故老宜徜徉 刑部侍郎臣錢陳羣 展也宴寢凝清香 工部侍郎臣德齡 將作入奏報克襄 工部侍郎臣呂熾

帝曰朕其鴻厥慶內閣學士臣宗室塞爾赫來游來歌雅所臧內閣學士臣德新況今二老民之望內閣學士臣秦蕙田爰飛

神翰拂縑緗副都御史臣勵宗萬金壺墨瀋流淋浪宗人府府丞臣任啓運璇題雙賁日月光通政使臣敷文仙豪雄健擺礌硠通政使臣張若靄筆勢一落千丈強大理寺卿臣嵩壽勁力外爽神內藏詹事臣張鵬翀點蹲芒玉礫迴岡太僕寺卿臣劉綸金薤倒披貫柳魴僉都御史臣嵇璜鸞鶴交翥上銀潢左通政臣張映辰煙雲舒卷難形相右通政臣鄧時敏榮光屬天莫可量少詹事臣

裒修曰未許常侍擬登牀侍讀學士臣世臣飛白賜蘇讓美

芳侍讀學士臣于振矧乃仙巢署蒼莨侍讀學士臣陳邦彥吉日庚

午日之剛侍讀學士臣涂逢震遂移

天屣下閶闔侍講學士臣龔渤謦蹕駭顧陛楯郎祭酒臣鄂容安龍鸞

和鈴鏗復鏘祭酒臣崔紀揚金鑁而拖玉鑲四譯館少卿臣余棟

雲罕俾倪導纓纕順天府府丞臣鄭其儲葉葉秀文覆儀鍠

太僕寺少卿臣陳其凝紛敷旖旎從風揚鴻臚寺卿臣梅穀成歷天捎

星耀日鉎光祿寺少卿臣竇啟瑛紫烟煜爚御道黃庶子臣周資陳

瀛池儼立千鴛鴦侍讀臣雙慶金紫銀艾簪截肪侍讀臣周玉章入門升階和以莊侍講臣觀保吉輝真氣溢圜方侍講臣雙頂六章五采蕙衡瑲諭德臣興泰如天啓門日在房洗馬臣李文鋭馮翼孝德瞻顒卬候補洗馬臣陸宗楷王多吉士咸

對敭中允臣于敏中尊師九拜謁

素王中允臣董邦達迴過劉井憩東廂贊善臣宋楠昌黎文伯社兹

鄉司業臣鶴年北門學士奠椒漿司業臣陳世烈編鐘鼖鼓韶

濩綱左參議臣溥海崇牙樹羽虡趪趪右參議臣吳應枚高管噭

嘯龍耶凰編修臣阮學濬象鳳翼笙班管長編修臣僧格勒玫瑰

作柱朱絲張編修臣沈文鎬翻籥繁會相低昂檢討臣鍾音繞

風停雲慨以慷編修臣陸嘉穎人聲諧律相和倡編修臣白瀛

分刌節度窮窈茫編修臣周煌欣與人心犁然當編修臣路

斯道鳥為拊翼魚闖防檢討臣德保如軒張樂洞庭旁編修

臣秦勇均元臣稽首鳴珩璜檢討臣周長發敬上千秋萬歲觴

編修臣周正思于胥樂兮無怠荒編修臣柏謙一獻百拜禮則

詳編修臣張映斗朱虎熊羆與殳斨編修臣任端書雝雝肅肅濟

濟蹌編修臣林蒲封炊金饌玉出禁坊編修臣萬年茂太清紅雲

員嶠霜編修臣李龍官翠濤醁醽酏醴䣼編修臣曹秀先粔籹蜜

餌有餦餭檢討臣韓彥曾猩脣旄約雋翠膷檢討臣周禮越駱

菌和陽樸薑檢討臣郭肇鐄江橘夢柚常山棠編修臣錢琦遠

方口實導擇將編修臣董泰鼎中變化尹對湯編修臣宋邦綏

微纖精妙大宮湘編修臣姚廷佑炙三弋五應未嘗編修臣葉

酉

帝歌卿雲宮繞商編修臣王居正八伯咸進拜手颺編修臣汪師韓韻

得燕公五字章 編修臣金相 聯吟更仿漢柏梁 編修臣孫人龍

式瞻

天藻萃圭璋 編修臣滿乙震 圖龍方虎排明璫 編修臣楊述曾

日星胄迴錦繡腸 編修臣徐景熹 薰風晨露相頡頏 編修臣湯大紳 燭

龍銜曜光四煬 檢討臣廖鴻章 衡波激岳聲蔣蔣 編修臣蔡揚宗

昭融至道若雨暘 編修臣王覺蓮

天光下濟濡荄芒 給事中臣鍾衡 五色秀華流戴匡 給事中臣程鍾彥

披條振藻六藝場 給事中臣楊二酉 風雷鼓舞物蒼蒼 給事

中臣程盛修鐫勒琬琰傳膠庠給事中臣王興吾流播樂府諧

笙簧給事中臣周祖榮從臣才藝花發蒀給事中臣鄒一桂駑駘

步武龍騰驤給事中臣胡定蓬萊望見風引檣給事中臣馬宏琦

桃開鬱水滿磅礴監察御史臣包祚永聖涯游泳涵紘滄監察

御史臣李清芳淼不可即空徬徨監察御史臣孫灝乃知

天文元氣航監察御史臣吳文煥

聖處不須一葦抗監察御史臣張漢雕蟲篆刻宜慚惶監察御史臣馮

秉仁越玉五重厠匏瓠監察御史臣范咸分夋立仗老肅爽

監察御史臣張孝捏泰華千仞登跛牂監察御史臣揚開鼎學優得文
愧應瑒監察御史臣馮元欽春蘭秋菊雜藏莨監察御史臣歐堪善風
松奚用引蜩螗監察御史臣沈景瀾迫窘詰屈走踣僵監察御史
臣沈廷芳頗歸夜讀發青箱庶吉士臣邵齊燾畋獻二酉羅三
倉庶吉士臣竇光鼐天祿石渠居就糧庶吉士臣凌鎬易參肅弼
詩申長庶吉士臣羅暹春斟羮嚌胾飫膏粱庶吉士臣田沆研味
道腴棄粃糠庶吉士臣胡澤潢博聞為饋貧之粻庶吉士臣王世
仕學海萬里去鳴榔庶吉士臣王太岳珊瑚結網麗鯊鱨

庶吉士臣朱櫄寧甘決起搶榆枋庶吉士臣張泰開不離省闥希文彊庶吉士臣姚範溫恭朝夕莫或遑庶吉士臣劉炳湮霞沷濯玉雪裝庶吉士臣孫廷槐効愚千慮一贊勷庶吉士臣朱佩蓮中夜起舞不能忘庶吉士臣德保

聖人端拱垂衣裳庶吉士臣蔡時田調和玉燭握珠囊庶吉士臣徐瑋淳風沕穆恩滂洋庶吉士臣經聞鈐轄不動矢直狼庶吉士臣王鋌化被萬國通狼䑲庶吉士臣杜若拙遠致赤兎來白麞庶吉士臣盛格不但蠻狄與戎羌庶吉士臣顧汝修

皇仁旁豈風泱泱庶吉士臣戈岱

上天降豐歲其穰庶吉士臣劉錫齡六氣無易盛德穰庶吉士臣閻循琦

十雨五風絕旱蝗庶吉士臣覺羅奉寬引恬引養無胥戕庶吉士臣惠元士

際茲休明敢不蘉庶吉士臣金洪旁招俊乂匪其彭庶吉士臣蔣辰祥

渙羣元吉馬匹亡庶吉士臣叢中芷橘徠服兮甘在瓠庶吉士臣周孔從

素絲五緎風羔羊庶吉士臣王康佐

朝轍永無鵜味妨庶吉士臣廖芳蓮泰交一德凜復隍庶吉士臣陳桂洲

永膺

萬福儲千祥庶吉士臣熊為霖天人和樂未渠央庶吉士臣黄遇隆冬日晏溫下紅牆庶吉士臣熊元龍戞然清韻傳風篁庶吉士臣張日譽

六龍迴跋搖鏤錫庶吉士臣陸樹本拜送遥瞻豹尾槍庶吉士臣周人驥都人抃舞喜若狂庶吉士臣周壽作歌賡拜追虞唐庶吉士臣程景伊不數横汾與長楊庶吉士臣邱柱蓼彼蕭斯零露瀼庶吉士臣陳大綸

恩深如海奚以償庶吉士臣出科聯玉堂盛事垂無疆庶吉士臣儲麟

跋

御製是日復得詩四首并示諸臣

歡騰芸署小陽春此日崇文引席珍顧我慙為房杜主

豈伊獨數馬鄒臣石渠典故應增舊壁宿光華更覩新

影麗花磚爭到八儘教沾醉酒三巡

瑞旭曈曨霱扇鸞筵開翰墨會衣冠五車四庫從來紀

劉井柯亭取次看玉版揮毫盈鳳沼花瓷賜茗擘龍團

濟川自古資舟楫便欲因尋學海瀾

昌辰天祿集鵷聯欣詠斯干小雅篇鳥革翬飛躋君子
誦詩講易共高賢光凝黼座垂華藻篆繞猊爐散瑞烟
咫尺玉堂清切地底誇瀛島說登仙
百年禮樂慶昭融保泰常持惕若衷漫以新詩鳴豫大
誰將忠告贊欽崇傅巖夢賚應無藉唐室賡歌詡許同
心喜百僚知我意不將高議詡升中

御注按唐書張說倡封禪議帝召說與禮官學士置酒集仙殿云云故其時諸臣詩中有高議待升中又將陪玉檢泥之句夫以崇儒之雅舉隱遂滿盈之私志非朕所取惟是兢兢業業與日俱長頌不如規我君

臣其共勉之

大學士臣鄂爾泰臣張廷玉等

奏伏惟

殊榮賁於冊府

睿藻輝煌

愷澤沛於詞林

恩華稠疊曠千秋而紀盛偕庶尹以騰懽欽惟

皇上

濬哲性成

欽明光被

接羲軒堯舜之統

德乃日新

揆星雲河嶽之文

聖由天縱璿璣斡運際甲子之重開寶籙迎祥繼雍熙

之累洽丕煥右文之典用彰稽古之榮繄是詞垣

素稱清秩本崇政集賢之重地沿邇英麗正之遺

規模斵宜勤棟隆惟吉爰頒
巽命俾予鼎新藻井芝栭欝虹梁之特起璇題
寶畫揭鳳榜以高懸亭號瀛洲真成方嶠地連華蓋名
稱玉堂屬廣厦之初成展鈎陳而夙駕
帝車紆軫光臨奎壁之垣日晷騰輝彩徹台階之次鵷
行雲擁屹
黼座以中開豹尾星陳啓瓊筵而肆設雲墩錦瑟聆廣
樂於鈞天翠釜金罍酌僊尊於丹地

摛章寵示韻分燕國之篇染翰聯吟製仿西京之體
金聲玉振集條理之大成乾端坤倪冠苞符而首出鐫
諸琬琰掩八伯之咸歌遂考縹緗陋三侯之成咏
斯文極盛振古希聞臣等幸遘
昌期叨塵秘省仰
王言之鄭重勉效論思誦
睿製以驚惶多慚寅亮戴
巍巍之至德莫申天保報上之忱思藹藹之吉人共志

卷阿來遊之盛寵深逾分感極難名凡兹與讌諸

臣共喜普沾

異數在昔纈袍蓮炬尚焜燿於曩編與夫玉署金鑾第

鋪張於往載豈如

今日覃被

恩施尋巢猶記鳳池同荷需雲之渥釋屩甫來芸館均

瞻復旦之華拜稽竊附於歌虞醉飽還逾於宴鎬

波添瀛海

恩重鼇山惟當共贊夫休明冀以稍酬於
高厚所有感激微忱理合公同具疏恭
謝伏乞
聖鑒施行
臣等竊惟從古治朝必隆文學侍從之職漢時天
禄石渠承明金馬皆稱著作之庭唐開元中初置
翰林院歷代相沿其選益重而恩禮亦愈優前史
所傳莫可殫述謹按前代帝王臨幸詞苑自唐巳

然至宋尤盛太宗雅尚文儒太平興國中御書飛白玉堂之署賜學士蘇易簡行幸其苑古今以為美談其後紹興淳熙間屢幸秘書省宴賚彌厚前代永宣二朝幸文淵閣並至史館然考其時鑾坡秘省皆在掖垣之内

國初

太宗文皇帝

世祖章皇帝屢幸内院披尋典墳諮訪治道而其時内三

院亦尚在
禁中夫以蘭臺芸館環拱於
紫微太乙之旁邇
天光而停
日御榮莫大焉若院署之在長安左門外者則臣僚公
廨非敢望
乘輿之及也惟兹
景運方昇文明大啓棟隆既竣

玉趾親臨揚
襍佾於槐廳導鼓吹於鳳沼堯樽徧酌禹膳均頒樂
奏九成禮隆三爵倡薰風之
睿藻繼卷阿而矢音凡官翰林者旣得郗席賡颺載親
色笑而内閣學士臣塞爾赫以宗室能詩
特命入三十八人之内尤盛事之可傳者堂哉皇哉自
載籍以來未有眷顧儒林普徧優渥若斯之隆者
也一時與宴諸臣鼓舞稱慶拜賜

闕廷其年適遇賓興皇華銜
命之臣道路傳聞咸有每懷靡及之慮都門人士顧瞻
玉堂如在天上而四方草澤汲古嗜學之儒且彈
冠色喜以為千載一時不可逢之嘉會也洵足以
示後世而垂無窮也已　臣等編輯
盛典既成恭識數語於簡末雖於
聖天子振興文教崇儒勸學之盛心不足窺見萬一而
遭際

聖明道揚
盛美則竊有深幸焉謹跋

詞林典故卷一

欽定四庫全書

詞林典故卷二

官制附詹事府

翰林之名見於漢時未以署官特作賦者假喻於文辭云爾唐翰林院初本儒臣文學供奉待詔之所至開元中始設學士亦無定員皆以他官選充宋元及明相沿代置品秩名數亦隨時不同唐翰林學士外先有弘文集賢學士大學士宋資政觀

文天章龍圖之設則視乎唐明華葢謹身文淵東閣之稱又視乎宋而明初左右春坊亦置大學士自成祖以翰林官直文淵閣故翰林以閣中為内署又與詹事互兼職業是以三署相通若夫唐之翰林學士或知制誥或不知制誥宋學士知制誥與中書舍人分為兩制者則自後晉始唐之講讀學士皆不繫翰林其繫以翰林者則自宋始宋之檢討編修史院及他司皆有之而翰林則無後獨

歸於翰林者則自明始至如唐宋宮僚輕於翰林
明則庶子中贊爲修撰編檢之遷階謂之開坊以
詹事爲學士之晉秩謂之出院唐宋翰林乞郡出
外得以原官結銜明則改官不得帶帖唐宋校理
館職雖進士上第未即銓除必由記室幕僚仕於
州縣者名試而得明則鼎甲三人即授修撰編修
而庶吉士留院者便已授職唐宋應奉直院權直
之號至明盡除而有五經博士侍書之目與庶吉

士之選此其沿革之大凡古今之殊致矣魏晉以來置秘書中書著作江左唐宋具有其官唐設起居郎舍人史館領在門下宋則國史有院著作有局皆統於秘書省雖官異翰林而事實相近至明代官從併省統歸翰林講讀以上則同古之兩制侍從修撰而下則同古之秘書著作而史職繫焉自是翰林員品有定

皇朝敘官初以內閣翰林之職統於內三院歷經

聖神裁定內設殿閣大學士外設翰林院官制大備至詹
事春坊始亦議裁尋並復焉其與翰林院相通互
兼具垂令典因附著於篇

漢

漢武帝初徵賢良文學待詔金馬門漢書

漢武帝建藏書之策置寫書之官同上

漢置五經博士同上

後漢

後漢東觀有校書之職選他官典校秘書撰述傳記通典

後漢著作皆以他官領同上

後漢光和元年置鴻都門學士後漢書

後漢延熹二年始置秘書監一人通志

按漢時翰林未有定職然後世翰林待詔博士學士之名已始於此翰林志云武帝時東馬嚴校皆在左右亦其事也

魏

魏武帝置秘書令丞秘書郎通典

按後世以入翰林爲讀中秘書考漢藏書之所石渠石室延閣廣內則在外府蘭臺秘書及麒麟天祿則在內禁爲御史中丞所掌劉向又言外有太常博士之藏而後漢圖書則在東觀魏改漢蘭臺令曰秘書又改中書至晉以中書統秘書武帝以秘書借張華讀之所云讀中秘書者蓋引

此爲故實也

魏明帝青龍四年四月置崇文觀徵善屬文者以充之三國志

晉

晉武帝以秘書并中書省晉書

晉永平中復置秘書監其屬有丞有郎統著作省著作郎一人又置著作佐郎八人同上

東晉

東晉元帝建武元年十一月置史官同上

宋

宋置秘書著作與晉同通典

宋明帝泰始六年九月立總明觀徵學士以充之宋書

齊

齊置秘書監丞郎著作佐郎員額悉如宋齊書

梁

梁置中書省監令各一人秘書省監丞各一人郎四

人 文獻通考

按晉中書令管機務盡宰相之任而秘書著作統爲六朝唐宋沿之不改即明大學士統翰林院而翰林所爲入閣辦事亦仿於此

陳

陳承梁仍各設侍從文章制命典籍之職 古今圖書集成

按典籍名始此

陳永定三年閏四月置西省學士 陳書

北魏

北魏太和十五年置左右史官魏書

北魏置起居令史文獻通考

按起居注始於漢時宋林駉云漢武有禁中起居注東漢明德馬后撰明帝起居注本宫中女史之任三國志注引漢獻帝起居注則近侍爲之通典云魏晉起居注著作郎掌之隋初以吏部散官及校書正字有著述才者領之唐高祖初温大雅作

翔業起居注於時亦未有專官自貞觀顯德問設郎舍人而起居注乃有定職

又按起居注或以為本古左右史而設然考之於書左史僅一見於楚之倚相一見於汲冡之戎夫而右史無聞焉葢左右史本非周官即詩傳言衛武公左右置監史以自警特一時一人之事後世傳之遂有記言記動之說而玉藻乃著其文玉藻出漢儒亦止述所傳聞之辭未必古時專署其官

至五帝外紀稱蒼頡沮誦爲左右史疑於荒遠惟
唐藝文志以穆天子傳爲起居注之始體或然爾

北齊

北齊有起居省文獻通考

北齊秘書省監丞各一人郎中四人校書郎十二人
正字四人又領著作省郎二人佐郎八人校書郎
二人隋書

北周

北周有麟趾殿學士有外史通典

按後以殿名加學士稱麟趾其權輿也

北周秘書監領著作監校書郎下士十二人著作上士二人中士四人同上

按周蘇綽以周官行官制故有外史上中下士之目

隋

隋承周有麟趾殿學士隋書

隋置秘書省監丞各一人郎四人校書郎十二人正字四人録事二人領著作太史二曹著作曹郎二人佐郎八人校書郎正字各二人太史曹令丞各二人同上

按太史之名夏商時已有之若夏太史終古商太史高勢是也至周官四史内史掌八枋與公卿策命及四方之策書則似後世尚書主章奏詔令之職外史掌四方之志三皇五帝之書則似後世御

史中丞掌殿中圖籍之職小史掌邦國之志詔王忌諱則似後世管玉牒氏族世系名諱之職而太史日官也掌建邦之六典與後世司記載者皆絶不同若齊太史晉太史執簡而書殆爲近似然考左傳國語國策世本等皆非當時史官所著即太史公亦自稱近於卜祝之閒其所爲著書亦祗自成紀撰非奉職爲之馬端臨以周四史列於史官亦但沿習其名耳自隋立太史局唐宋以來居史職

者多稱太史至明時則凡翰林修撰等並稱太史焉

隋開皇十四年秘書省置主事令史隋書

隋大業十一年增秘書省官百二十員以博士補之玉海

唐

唐置門下省起居郎二人中書省起居舍人二人唐書

唐置門下省校書郎二人中書省校書四人正字二

人同上

唐置史館於門下省史館修撰四人同上

百官志注天寶後他官兼史職者曰修撰初入為

直館元和六年登朝官領史職者為修撰未登朝

官皆為直館大中八年汰直館二人增修撰四人

按唐初令狐德棻請修近代之史遂命修撰修撰

之名始此

唐秘書省置監一人少監二人丞一人領著作局少

監爲之貳同上

百官志注龍朔二年改秘書省曰蘭臺監曰太史少監曰侍郎丞曰大夫秘書郎曰蘭臺郎垂拱元年又改曰麟臺太極元年復稱秘書省按唐秘書省隸中書如晉制

唐秘書省秘書郎三人校書郎十人正字九人同上

唐秘書省領著作局郎二人著作佐郎二人校書郎二人正字二人同上

百官志注龍朔元年改著作局曰司文局郎曰郎中佐郎曰司文郎

唐置弘文館學士同上

百官志武德四年置修文館於門下省九年改弘文館儀鳳中置詳正學士五品以上曰學士六品以下曰直學士神龍元年改昭文館學士景龍二年置大學士四人學士八人直學士十二人開元七年仍改曰弘文館置校書郎校

理正字等官長慶三年罷詳正學士專以五品
以上曰學士六品以下曰直學士未登朝為直
館
唐置集賢院學士同上
百官志注開元五年置乾元院使有刋正官四
人知書官八人六年更號麗正書院置詳檢官
改修書官為麗正殿直學士八年加文學直又
加修撰校理刋正校勘官十三年改麗正書院

為集賢書院有學士直學士宰相一人為學士知院事常侍一人為副知院事又置院判押院中使各一人玄宗嘗選耆儒日一人侍讀至是置集賢院侍講學士侍讀直學士增修撰校理待制留院知檢討與文學直之員至德二年置大學士貞元四年罷大學士八年罷校理置校書四人正字二人元和二年復置集賢校理罷校書正字四年置集賢學士學士皆用五品以

學士一人年高者判院事按後代檢討之名始此

唐玄宗初設翰林院名文學儒臣待詔院中（翰林志）

唐開元二十六年於翰林院置學士（同上）

按翰林志太宗時名學士草詔然猶未有名號乾封已後始號北門學士玄宗初置翰林待詔選朝官入居供奉别旨開元二十六年始以翰林供奉

改稱學士其首為之者則張垍劉光謙也玄宗雖改供奉為學士別建學士院於翰林院之南時猶未稱翰林學士至德宗以後翰林始兼學士之名是玄宗雖置學士而翰林學士之定稱則在永貞貞元時始矣

又按唐翰林學士本非專設以他官兼充之自中舍尚書郎拾遺補闕校書著作皆選任雖縣尉亦得名入供職李商隱白居易碑以盩厔尉名入是

也又弘文館隸門下省集賢院隸中書省而翰林獨無所隸其後又置東翰林院於金鑾殿故又有金鑾殿學士後人呼學士為鑾坡蓋以此

又按自揚雄有翰林主人之稱後世沿之晉李充論著翰林梁鍾嶸詩評稱郭璞為翰林詩首唐李邕稱翰林六絕蓋用以標文苑之目耳唐取此名院且以署官開元而後其職益重至宋時遂目為將相儲材之地云

唐翰林學士承旨學士院記

按元稹記云舊制學士無承旨名憲宗始命鄭絪為承旨翰林志云元和已後院長一人或密受顧問獨名對敭居北壁之東閣號為承旨閣子

五代

後梁開平三年改思政殿為金鑾殿置大學士一員文獻通考

後唐置翰林承旨一員同上

後晉天福五年廢翰林學士尋復置五代史

後晉開運元年詔翰林學士與中書舍人分為兩制各置五員文獻通考

按宋兩制之目由此五員續翰林志作六員葢因宋制言之似當以通考為正

宋

宋置起居郎舍人如唐制文獻通考

按宋起居郎隸門下省起居舍人隸中書省號小

兩省官林駉至論云元豐官制行分郎與舍人為
左右時又稱左右史
宋秘書省監少監丞各一人其屬著作郎一人著作
佐郎二人秘書郎二人校書郎二人正字二人宋史
宋置直秘閣文獻通考
按宋初以史館昭文館集賢院為三館皆寓崇文
院中端拱元年詔就院之中堂建秘閣置直秘閣
以直館直院為之謂之館職以他官兼者謂之貼

職

宋置國史院監修一人以宰相爲之修撰直館檢討無常員同上

按宋天聖間以宰相爲提舉以三館秘閣校理爲編修官元祐間復改隸門下省紹聖間歸秘書省

又按宋之編修不止史院三司樞密院皆有編修官編修之名始此

宋承唐設翰林學士院置翰林學士承旨翰林學士

知制誥直學士院翰林權直學士院權直 宋史

按宋史承旨不常置以學士久次者為之凡他官入院未除學士謂之直院學士俱缺他官暫行文書謂之權直

又按通考唐之所謂翰林學士只取六學之人隨其官之崇卑入院者皆為學士其尊貴親遇者號稱內相可以朝夕名對參議政事或一遷而為宰相而其孤遠新進者或起自初階或元無出身至

試令草麻制甚者或試以詩賦如試進士之法其人皆呼學士自唐至五代皆然至宋則始定制資淺者爲直院暫行者爲權直於是真爲翰林學士者職始顯貴可以比肩臺長舉武政路矣

宋咸平二年置翰林侍講學士翰林侍讀學士同上

按宋經筵官其秩尊者爲講讀學士品卑資淺則爲說書元豐官制行罷翰林講讀學士用侍從以上官兼充

宋置樞密學士同上

按林駉至論云宋承唐制學士以六員為額其知制誥即治本院事其别領省府職任即不帶制誥如知通進銀臺司兼門下事則即唐給事中比也而隸直樞密院兼制誥即唐中書舍人之任也

宋置資政殿大學士同上

宋置觀文殿大學士同上

按宋資政觀文二大學士蓋特設以加寵宰相舊

臣不為常置大抵如漢特進光禄大夫晉宋冗從僕射奉朝請之比與明時典機務者不同而名差近焉

宋置殿閣學士殿曰資政端明等閣曰天章龍圖寶文顯謨徽猷等皆設學士直學士待制同上

按宋殿閣學士多為從官及外除者兼銜待制如唐待詔而官稍貴宋仁宗特開天章閣以待范仲淹諮訪政事待制之設始此而龍圖學士尤多有

名若包拯龎籍孫覺祖無擇等皆嘗為之宋時稱其官相謂為龍學云南渡後數文煥章華文寶謨等閣設學士直學士待制一倣汴京舊制

遼

遼置門下省起居郎起居舍人知起居注遼史

遼置國史院史館學士同上

遼置翰林院翰林學士承旨翰林學士翰林祭酒同上

按遼國語以文翰為林牙故翰林設都林牙又有

北面林牙則掌契丹文字行於國中者南面林牙
則兼掌中國文字
遼置崇文館大學士宣政殿學士觀書殿學士乾文
閣學士昭文館直學士同上
金
金置秘書省監少監丞秘書郎金史
金置弘文院知院同知弘文院官同上
金置國史院監修國史官編修檢閱官古今圖書集成

按遼金官制國史院皆有監修國史官蓋用唐故事以宰相兼領實非史院正官也

金置翰林學士院翰林學士承旨直學士翰林侍講學士侍讀學士翰林待制翰林修撰翰林應奉文字金史

按翰林修撰之名自金始

元

元置集賢院秘書監藝文監鑒書博士元史

元設翰林兼國史院置學士承旨翰林學士侍講侍讀學士直學士待制應奉翰林文字修撰編修檢閱典籍經歷都事又設蒙古翰林院同上

按元史百官志列朝官制置罷不一先後員額增減不足其集賢院初併入翰林後則分設

明

明初置翰林院為正三品衙門設學士承旨學士侍講學士侍讀學士直學士典簿待制修撰應奉編

修典籍檢閲等官 明會典

按明會典又有秘書監弘文館及起居注等官後皆不設黃佐翰林記洪武三年置校書郎等官九年罷之又云國初翰林有國史院院有編修官後不復設而以修撰編修檢討專為史官隷翰林院然史官皆預講讀講讀官亦預史官實不分職

明洪武十四年五月改翰林院為正五品衙門設學士一人侍讀學士二人侍講學士二人孔目一人

屬官侍講二人侍讀二人五經博士五人典籍二
人侍書二人待詔六人史官修撰三人編修四人
檢討四人草承旨直學士待制應奉檢閲典簿翰林
記

明洪武十八年三月定翰林院正官學士一人正五
品侍讀學士侍講學士各二人從五品首領官孔
目一人未入流屬官侍讀侍講各二人正六品五
經博士五人正八品典籍二人從八品侍書二人

正九品待詔六人從九品史官修撰三人從六品

編修四人正七品檢討四人從七品同上

按明永樂十九年南京翰林院惟設掌院學士一

員孔目一員

又按明初置五經博士人司一經永樂以後以孔

顔孟氏周程朱子之裔皆世襲五經博士而洪武

中所置之五經博士漸廢不復設矣又翰林記云

侍讀先侍講始於此蓋唐宋時侍講皆在侍讀之

上也

明洪武十八年三月又定華蓋殿武英殿文華殿文淵閣東閣設大學士各一人同上

明洪熙中添設謹身殿大學士明會典

按永樂初命編修等官於文淵閣參預機務謂之内閣漸陞至學士諸職洪熙元年或加師保及尚書侍郎卿仍兼學士大學士銜自後因之稱内閣大學士凡大學士加三師則為一品加尚書二品

侍郎三品若未加陞而止係大學士者則仍正五
品

明經筵官有知經筵事同知經筵事講官推舉皆出
內閣又令本院及坊局官侍班久之選為展書官
又自展書充月講官年深秩尊者充日講（翰林記）
按明史故事率以翰林大僚直日講解及史官者
至于慎行張位王家屏沈一貫陳于陛咸以史官
得之異數也

明洪武中定翰林院爲近侍清貴之職凡遷轉皆出

自上裁不付銓衡同上

按明制翰林院遷官始自詹事府左右春坊司經

局循至學士其轉則吏部尚書侍郎以至內閣不

及他途然非九年考滿則纂修書籍名雖親擢實

循資格也又翰林不由吏部選自唐宋已然

又按黄佐云本院官外擢皆升高位無有對品調

者若洪武時王禕出爲南康府同知賜金帶出自

親擢事體不同其降謫者不在此格也

明制非進士起家不得居翰林 天順實録

按黃佐云洪武初本院官皆由薦舉進四年雖設進士科未有入翰林者今考進士入翰林自洪武十八年始至天順間遂定斯制云

明洪武十八年選進士為庶吉士 翰林記

按明既以進士為重諸進士未更事俾觀政於諸司其在本院承敕監等近侍衙門者採書庶常吉

士之義名庶吉士其在六部及諸司者則仍稱進士正統後始定庶吉士止入翰林凡庶吉士入翰林者選無定員

明制進士第一甲三人稱及第即授職修撰編修第二甲第一人第三甲第一人稱賜進士出身賜同進士出身皆授編修國朝故事

按洪武十八年三月既殿試以第一甲丁顯等三人並為修撰至二十一年策進士以第一甲第一

人任亨泰為修撰第二人唐震第三人盧原質為編修自是遂為定式

又按永樂二年定庶吉士散館授職二甲除編修三甲除檢討

明英宗時選奇童及善書者充翰林院秀才（翰林記）

皇朝

國初設文館於

盛京

太宗天聰十年三月改建內三院曰內國史院內祕書院

內弘文院

世祖順治元年三月增設三院學士各一員十一月定翰

林院為正三品衙門晉學士秩正三品侍讀侍講

學士正四品侍讀侍講正五品修撰從六品編修

正七品檢討從七品裁博士侍書待詔二年三月

定內三院為二品衙門四月令翰林官由內院補

授閏六月裁翰林院以歸內三院定內三院大學

士二員為二品學士四員為三品侍讀六員為四品筆帖式三員為七品六年正月更定内院官制三院各設學士一員侍讀侍講學士各一員侍讀侍講各一員八年四月增設三院侍讀學士各三員裁侍讀各二員十年六月增設三院漢大學士各二員十五年七月裁内三院改三院大學士為殿閣大學士秩仍正五品置翰林院定掌院學士學士秩仍五品十六年五月設翰林院侍讀侍講

學士及侍讀侍講各三員十八年六月裁內閣
翰林院復設三院七月設內三院滿漢大學士各
一員滿學士各二員漢軍漢學士各一員
聖祖康熙元年二月增設內三院侍讀學士各二員正四
品侍讀各二員正五品八年七月裁三院滿學士
各一員九年八月復改內三院爲內閣置翰林院
十月改三院大學士學士銜加殿閣大學士兼尚
書學士掌院學士並兼禮部侍郎十二月設翰林

院侍讀侍講學士及侍讀侍講等官員品如順治
十五年定制
世宗雍正三年十二月晉翰林院侍讀侍講學士秩從四
品侍讀侍講從五品如順治元年定制
掌院學士
學士掌院事即承旨職也
國初設有專員
聖祖康熙二十八年五月

諭大學士翰林掌院一官職任緊要必文學淹通衆所推服者始克勝任凡翰林撰擬之文亦須掌院詳加刪潤然後成章閱明代大學士有兼管掌院之例大學士徐元文著兼翰林院掌院學士事

謹按掌院以重臣兼領實起於此

講官

世祖順治十二年三月

諭内院朕惟自古帝王勤學圖治必舉經筵日講以資啓

沃今經筵已定於文華殿告成之日舉行日講深有裨益不宜刻緩爾等即選滿漢詞臣學問淹博者八員以原銜充講官侍朕左右以備諮詢

是年十一月

諭吏部日講官侍從禁庭朝夕進講國子監衙門較遠職任難兼如遇祭酒司業員缺不必以日講官推補

十四年九月設經筵講官滿漢各八員

是年十二月增設日講官十員

聖祖康熙九年置起居注館於
太和門西廊設滿記注官四員漢記注官八員俱以
日講官兼攝並設滿文主事一員漢文主事二員
漢軍主事一員滿文筆帖式滿漢文筆帖式漢軍
筆帖式各四員十二年增設滿記注官一員漢記
注官二員十六年增設滿記注官一員二十年增
設漢記注官八員三十八年七月裁起居注滿漢
主事各一員五十七年三月停起居注

世宗雍正元年四月復起居注官

詔曰自古帝王臨朝施政左史記言右史記動蓋欲使一舉

動一出言之微無不可著為法則垂範百世也

皇考聖祖仁皇帝英年踐阼即設日講起居注官於詞臣

中擇其才品優長者以原官充補鉅典茂昭度越前代

誠為聖帝哲王之盛事

御極六十一年緝精一執中之統厲敬

天勤民之心文謨武烈經緯萬幾盛德日新大業鴻顯天

下臣民仰瞻至治不啻日月麗天江河行地莫不敬信
悅服記注之臣美不勝書
皇考聖祖仁皇帝謙德彌光聖不自聖惟恐史官或多溢
美之辭故康熙五十六年以後裁省記注祇令翰林五
員於理事時輪侍班行凡有重務要吉仍命內閣諸臣
記而存之意至周密也茲朕纘承大統夙夜兢業日昃
不遑思所以上繼
皇考功德之隆下致四海晏安之治顧惟凉德甚懼負荷

之難今御門聽政之初益當寅畏小心綜理庶事咸期舉措允宜簪筆侍臣何可闕歟當酌復舊章於朕視朝
臨御
郊祀
壇
廟之時令滿漢講官各二人侍班不獨記載諭旨政務或朕有一言之過一事之失皆必據實書諸簡策朕用以自警冀寡悔尤庶幾凜淵冰之懷以致久安慎樞機之

動而圖長治其仍復日講起居注官如康熙五十六年
以前故事
是年十一月定制日講官奉差以翰詹官列名請
署停其開缺差滿代還
十二年七月增設起居注漢主事一員
皇上乾隆元年十二月增設滿日講官二員
謹按經筵滿講官以內閣學士掌院學士讀講學
士詹事少詹事及尚書侍郎左都御史副都御史

通政使大理寺卿之曾任内閣學士掌院學士讀講學士者列名漢講官以内閣學士掌院讀講學士詹事少詹事祭酒及尚書侍郎左都御史等官之由翰林陞任者列名以原銜補充康熙十六年令滿洲小九卿之由翰林陞轉者亦得列名其日講官則自掌院學士詹事以下坊局編檢以上皆得充補

又按日講官侍直康熙九年初設記注定制滿漢

各一員雍正元年復設則令滿漢各二員侍直

翰林官內擢

世祖順治十一年三月令翰林官陞轉俱歸吏部十六年

二月吏部題補吏部右侍郎缺得

旨內閣既不設學士翰林官無缺可陞嗣後吏部侍郎缺

出著照禮部侍郎之例亦用翰林官補授

謹按吏部侍郎一兼學士銜一不兼學士銜故事

不兼學士銜者翰林官不得推補至是並予列名

聖祖康熙三十八年九月
命京堂員缺翰林官一體陞轉五十七年八月以左都御
史蔡升元請復
命六部侍郎缺翰林官與京堂應陞者均列名請補
世宗雍正元年正月定制滿洲侍讀侍講諭德洗馬司業
等缺用各部應陞一人翰林編修檢討一人分班
遞補
謹按各部應陞亦以科目出身者推用

十年十月令翰林官陞轉派差將曾經記名褒獎
議敘及申飭訓誨處分之處繕單隨本以聞
翰林官外調
世祖順治十二年九月吏部議定正詹以布政使用支正
二品俸少詹以布政使用侍讀學士以按察使用
侍讀中允以參政用編修檢討以副使用
十六年九月令翰林官侍讀以下照科道例每年
外轉春季秋季各一員侍讀侍講以參政用修撰

以副使用編修檢討以參議用十八年九月奉
命停罷
聖祖康熙三十七年十二月副都御史吳涵以編修檢討
人員陞遷壅滯疏請酌復變通編檢照李濤汪楫
之例外補一二人講讀學士等照王士正徐潮顧
藻王九齡之例以京堂各衙門調補一二人得
旨所奏極是朕已知之不必令部議也
謹按先是李濤汪楫丁廷楗並外用知府至是以

吳涵請復改劉涵爲揚州府知府其調補京堂並
奉
明旨已見内擢中
三十九年四月令編修檢討等揀選科道奉
旨改授者馮雲驌湯右曾劉灝宋朝南彭始摶張瑗六人
謹按編檢揀選授科道始此
世宗雍正元年十月
命大學士會同掌院教習秉公別擇學問優長字畫端楷

或精於繙譯者留衙門辦事及各館纂修或才具練達可當科道吏部之選或長於吏治編檢可為道府庶吉士可為州縣者分别具奏老病衰癈願自解退者以原官休致行止不端事蹟確實者奏聞革退

庶吉士散館

世祖順治初除授三院編檢外改授科道數人至十六年散館則有仍留教習者十餘人外用者一人黜草

者一人十八年散館則有部用者十餘人嗣是歷
科參用其制或中行評博或知縣即用或歸進士
原班或用教職法為加備焉
謹按庶吉士改授科道歷科散館皆有之至康熙
三十六年丁丑惟吳甫生江球二人自丁丑而下
遂停其改授
庶吉士館選
國初本無定員

世祖順治九年七月

允科臣高辛允奏按直省大小取漢進士四十人直隸江

南浙江各五人江西福建湖廣山東河南各四人

山西陜西各二人廣東一人以二十人習

國書二十人習漢書其滿洲進士取四人蒙古進士

二人漢軍進士四人一體讀書厥後選取各員因

地因才遞有增減歷科沿之

世宗雍正三年四月

諭大學士九卿等曰前日李鍾峩奏稱翰林為儲材重地

自康熙四十五年至六十年七科每省俱有庶吉士雍

正元年癸卯科漢軍及河南四川進士無館選者雍正

二年甲辰科蒙古及山西河南陝西四川廣東湖南廣

西雲南貴州進士俱無館選者請廣儲材之路等語朕

即位之後以培養人材最重翰林故加意詳慎隆科多

曽奏稱

聖祖時館選每省俱有庶吉士所以朕於雍正元年癸卯

科館選時試其文義觀其人品於僻遠省分之人亦酌量選取又每諭教習之臣盡心訓迪迨後歷經揀擇及考試文章其中惟江浙人文義實較各省為優因將各省人員分用於内外各衙門而江浙人留館獨多雍正二年甲辰科館選亦詳加考試朕因以文義優者選為庶吉士於是山西河南等省進士遂多不得與選盖翰林職司文章若以文義不及者處之則用違其材而其人或有他長反無以自見矣朕凡於用人行政無不審

慎籌畫務求當理而選擇翰林更為留意實欲使人人勿枉其才各効所長庶國家得收器使之效豈計及於各省翰林之多寡有無也今覽李鍾峩所奏是必外人有此議論故以入告朕甚嘉之嗣後館選庶吉士或應考試文義選取或應每省額選幾人或應分為南北兩院向來教習止派滿漢各一員今若按省分各選庶吉士或亦按省分各設教習可乎至各省未得館選之進士中或有文義可充翰林之選者爾等確有所知即行

舉出毋使人有遺才之論尋議歷科館選之法盡善盡
美更無遺逸之才李鍾峩條奏無庸議從之
五年五月令進士殿試後復試論詔奏議詩各一
篇先是進士殿試畢即待選庶吉士自順治丙戌
迄康熙辛丑皆然雍正元年癸卯進士對策後復
引試於
保和殿並令九卿各舉所知至是遂爲定制時稱朝
考焉

謹按雍正元年十二月復令本科進士十七人在

各館効力及在内官學教習至三年四月授夏之

芳姜穎新二人為編修黄岳牧陸宗楷二人為檢

討雖未為著令亦掌故之足徵者

皇上乾隆十年乙丑選宗室達麟圖一人為庶吉士

謹按定制宗室不應科目之選自雍正初建立宗

學宗人子弟以時讀書其中自後五年一試取其

文合格者

賜進士一體引對至是館選達麟圖與馬宗室入翰林
始此

改調館職
國朝崇尚文治館制修明自進士選除外復徵試詞
科並膺館秩事載
恩遇卷中其由他官改授者如郎中張允欽王士禎中
書勵杜訥高士奇俱為翰林講讀給事中王原祁
為中允中書杜鎮魏學誠主事陳聶恒知縣趙申

季教授王懋竑俱為編修御史陳學海為檢討左通政錢以塏按察使趙殿最則授少詹事給事中康五瑞則授侍讀學士而進士方苞之授中允主事廖必琦之改庶吉士並稱曠典云

兼銜

聖祖康熙十年正月令提督四譯館太常寺少卿關防內增鑄翰林院銜

世宗雍正四年十二月改直省學道為學院凡部曹奉差

督學加翰林院銜二甲進士編修三甲進士檢討

受代後仍還本任

皇朝會典

翰林院正官　滿漢掌院學士各一員俱兼禮部侍郎銜

滿漢侍讀學士各三員　滿漢侍講學士各三員

滿漢侍讀各三員　滿漢侍講各三員　史官

修撰　編修　檢討無定員　庶吉士無定員

首領官　滿漢典簿各一員　滿漢孔目各一員

屬官 滿漢侍詔各二員 滿筆帖式四十二員

漢軍筆帖式四員

五經博士十八員

謹按我

朝五經博士孔顔曾孟四姓外其仲氏言氏卜氏端木氏東野氏與宋張氏邵氏皆有之崇儒重道之典視前代為加渥矣

起居注館

日講起居注官（不專設以翰詹坊局官兼充雍正元年復設滿記注官六員漢記注官十二員乾隆元年增設滿記注官二員）滿漢主事二員　滿筆帖式十四員　漢軍筆帖式二員

詹事府

漢

漢太子詹事有丞（漢書）

按漢詹事位在大長秋上韓安國傳壺遂官至詹事史記稱上大夫壺遂則詹事在漢為上大夫而

百官表不著其秩故宋劉敞作漢官班序圖遂以詹事為無秩臣瓚注詹事引茂陵書以為真二千石荀悅漢紀則云比二千石通典文以為真二千石未知孰是

漢太子中允四百石漢儀注

按中允始此漢百官表有中盾無中允中允特見於漢官儀蓋即中盾也

後漢

後漢太子中庶子六百石太子庶子四百石太子洗馬比六百石後漢書

按後漢承西京其宮官不得獨無詹事而百官志無之或史氏之缺庶子名見燕禮及燕義中洗馬名最古本吳越春秋勾踐身爲夫差先馬漢取此名官而中庶子本秦官漢仍用之劉敞班序圖庶子洗馬秩最卑位列縣丞尉羽林郎上

晉

晉置詹事丞一人中庶子四人庶子四人洗馬八人
晉書

宋

宋置太子詹事一人丞一人中庶子四人庶子四人
洗馬八人宋書

齊

齊置太子詹事府丞一人太子中庶子太子洗馬各
一人南齊書

梁

梁為太子置詹事古今圖書集成

按隋書百官志梁太子詹事視中護軍中庶子四人庶子四人典經局洗馬八人

陳

陳承梁置太子詹事文獻通考

按隋書百官志陳承梁官制太子詹事中二千石

太子中庶子二千石庶子洗馬六百石詹事品第

三中庶子品第四庶子品第五洗馬品第六梁陳二史皆無志故魏徵作隋史採二代之制而兼補之

北魏

北魏太平真君五年選諸良吏給事東宮北魏書

北齊

北齊爲太子置詹事左右衛率典書坊各率其屬古今

圖書集成

按隋書百官志後齊官制多循後魏有詹事丞功曹主簿録事員左右衛二坊各置司馬

北周

北周置太子宫正宫尹通典

隋

隋置詹事門下坊置左右庶子二人典書坊右庶子二人文獻通考

按凡詹事府坊局之稱皆自南北朝始至唐乃改

典經局曰司經而左右春坊相沿不改

唐

唐置詹事府太子詹事一人少詹事一人主簿一人錄事二人左春坊左庶子二人中允二人左諭德一人左贊善大夫五人司經局洗馬五人右春坊右庶子下皆如左春坊 唐書

按唐左右春坊蓋承魏齊二坊之設而為之名然考梁徐摛為太子宮官文體既别春坊皆效之則

春坊固不始於唐矣又北周王褒皇太子箴春宫
養德秋坊通夢似古東宫官屬春坊外又有秋坊
者或門下二坊初設以春秋分名之歟

宋

宋置太子詹事太子左庶子右庶子左諭德右諭德

宋史

按宋史百官志云舊制不常設儲闈之建隨宜制
官以備寮寀多以他官兼領

金

金制東宫設詹事諭德以下皆爲僚屬古今圖書集成

元

元立詹事院置左右詹事各一員副詹事詹事丞院判各二員左右諭德左右贊善各一員庶子中允各一員元史

明

明洪武初建大本堂延名儒教太子親王後設東宫

官屬有同知詹事院事副詹事等官以勲舊大臣兼之二十四年七月改院爲府其堂上官與本院官互兼職事 翰林記

明詹事府官

正官 詹事一員 少詹事二員 府丞二員

首領官 主簿一員 録事二員 屬官 通事舍人二員

坊官

左右春坊大學士各一員　庶子各一員　諭德各一員　中允各二員　贊善各二員　司直郎各二員　清紀郎各一員　司諫各一員

局官

司經局洗馬二員　校書二員　正字二員

按古東宮官屬詹事外有太子太傅少傅太子率更令等二傅職輔導率更職防衛而詹事主統治內外各率其屬以供事焉太傅少傅惟兩漢為專

官即諸侯王傅亦然魏晉以下則皆他官兼之至明設太子三師三少特為大臣加寵秩而已且自唐以後率更亦廢惟詹事獨存考之漢百官表詹事掌皇后太子家則又不獨為宮官若與大長秋相表裏大長秋皇后屬卿也明代尤重詹事號為宮相實非三師三少之比蓋春坊諭德贊善等則古二傅之屬洗馬則古率更令之屬

又按明洪武十五年置左右春坊大學士至景泰

三年商輅彭時劉儼等皆嘗為之後復停罷
又按明會典南京詹事府不設堂上官止設主簿
一員
皇朝
世祖順治元年置詹事府以少詹事一人掌府事其年十
一月
詔裁府署職掌統於內三院九年四月復置詹事府設詹
事一員少詹事二員主簿一員録事二員通事舍

人二員置左右春坊設庶子各一員諭德各一員中允各二員贊善各二員司經局設洗馬一員正字二員俱令内三院官兼之時以府署止設漢員因專設滿詹事一員掌管府事而司其印信其兼銜與漢官同十五年五月裁詹事府

聖祖康熙十四年十一月奉

詔復置定滿漢詹事各一員少詹事各二員主簿各一員録事正字各二員左右春坊庶子各二員諭德各

二員左右中允各四員贊善各四員司經局洗馬
各一員三十七年十二月裁滿少詹事一員諭德
中允贊善各一員正字録事各二員三十八年七
月裁漢中允贊善各一員正字録事各一員五十
二年閏五月裁漢諭德一員漢中允贊善各一員
録事一員

皇朝會典

詹事府正官　滿漢詹事各一員漢詹事兼翰林院侍讀學士銜

滿少詹事一員　漢少詹事二員兼翰林院侍講學士銜

首領官　滿漢主簿各一員

左春坊　滿漢左庶子各一員漢左庶子兼翰林院侍讀銜

滿漢左諭德各一員漢諭德兼翰林院修撰銜　滿漢左中允

各一員漢中允兼翰林院編修銜　滿漢左贊善各一員漢贊善兼

翰林院檢討銜

右春坊　滿漢右庶子各一員漢右庶子兼翰林院侍講銜

滿漢右中坊各一員　滿漢右贊善各一員兼銜同左

司經局 滿漢洗馬各一員 漢洗馬兼翰林院修撰銜 屬官

漢正字一員 府坊局筆帖式六員

詞林典故卷二

欽定四庫全書

詞林典故卷三

職掌 附詹事府

官有職職有掌各守爾典以供王事焉翰林地號儲材異日將踐更衆職然方其備員侍從制誥文章而外不以他職繫之唐宋已來制略相等明併秘書著作之任統歸翰林

皇朝既貴其官使益重所掌載筆

史宬陳書

講幄入承儤直出奉皇華冊府所垂犂然具已依件條

次用備職司

漢

漢尚書郎主作文書起草更直建禮門翰林志

按李肇云蓋比今翰林之制略同而所掌輕也林

駉云漢西京制誥以侍中掌之李固云尚書出納

王命所由來久矣

後漢

後漢秘書監掌典圖書古今文字考合同異通典

魏

魏秘書令典尚書奏事同上

按魏黄初閒既以秘書所典歸中書領之其秘書惟掌藝文圖籍之事

晉

晉中書掌詔誥命紀會時事典作文書文獻通考

按中書地在樞近多承寵任人因謂之鳳凰池晉荀勗自中書侍郎遷尚書令人有賀者勗曰奪我鳳凰池又何賀焉後人則槩以鳳池鳳沼稱翰林矣

晉秘書監掌三閣圖書通典

晉大著作郎專掌史任同上

宋

宋著作佐郎掌國史集注起居同上

齊

齊中書所掌與晉宋同同上

按紅藥當階翻齊謝朓直中書詩也唐人詩中亦

槩用為翰林故實

齊秘書著作與晉宋同同上

梁

梁中書舍人掌詔誥兼呈奏之事文獻通考

按馬端臨云魏中書舍人東晉省之宋復置四員

掌入直閣內出宣詔命凡有章奏則舍人持入叅
決於中至梁除通事字直曰中書舍人自是誥命
之任舍人專之
又按東漢以尚書郎主機事自魏以中書代之雖
亦不廢尚書然中書親近而尚書轉踈外矣東晉
以後侍中常在左右謀議政事於是中書之權又
分
又按六典云秦置尚書於禁中有令有丞掌通章

奏通典又云秦時少府遣吏四人在殿中主發書故謂之尚書林駉謂西京以侍中掌之杜佑謂東漢尚書郎為詔誥而李肇因之遂以為比今翰林之制云

梁秘書著作所掌與齊同 通典

陳

陳中書所掌與梁同 同上

陳秘書著作所掌與梁同 同上

北魏

北魏太和十一年詔秘書丞著作郎改析國記　魏書

北魏起居令史掌行幸宴會在御左右記録帝言及宴賔客訓答　文獻通考

北齊

北齊中書舍人省掌署勅行下宣旨勞問之事　同上

北齊秘書省典經籍　古今圖書集成

按北魏北齊著作皆掌撰述然僅存其名而已

北周

北周外史掌書王言及動作之事以為國志通典

北周著作上士中士掌綴國録同上

按通考云北齊有文林館學士亦掌著述然南北朝學士之名已雜出如齊竟陵王有西邸學士梁昭明太子時庾肩吾徐摛劉孝儀等為高齋十學士大抵文儒之通稱耳齊文襄於文林館集諸文士作華林編畧邢子才等皆在焉其職實非學士

也

隋

隋秘書掌領著作太史曹事文獻通考

唐

唐中書掌詔旨制勅璽書冊命皆按典故起草六典

按六典云中書詔命其禁有四一曰漏洩二曰稽緩三曰遺失四曰忘誤制勅既行有誤則奏而正之凡王言之制有七一曰冊書立后太子封藩寵

命臨軒備禮則用之二曰制書行大典賞罰授大官爵釐革舊政赦宥降虜則用之三曰慰勞褒贊遣勞則用之四曰發白勅增減官員廢置州縣徵發兵馬則用之五曰勅旨為百司承旨而為程式奏事請施行者六曰勅書慰諭公卿戒約臣下則用之七曰勅牒隨事承旨不易舊典則用之大事直出禁中不由兩省不用中書六寶置書詔印學士院主之

唐秘書監丞掌經籍圖書之事郎掌四部圖籍校書郎掌校理典籍刋正錯謬唐書

唐著作郎掌撰碑志祝文祭文與佐郎分判局事同上

唐起居郎掌録天子起居法度舍人掌修記言之史録制誥德音如記事之制季終以授國史同上

唐史館修撰掌修國史同上

唐弘文館學士掌詳正圖籍教授生徒朝廷制度沿革禮儀輕重皆參議焉同上

按唐有弘文館學生以大臣子弟與才俊之士充之故學士有教授生徒之事

唐集賢學士及修撰等官掌刋輯經籍凡圖書遺佚賢才隱滯則承㫖以求之謀慮可施於時著述可行於世者考其學術以聞凡承㫖撰集文章校理經籍月終則進課於内歲終則考最於外 唐書

唐翰林學士專掌内命凡拜免將相號令征伐皆用白麻入院一歲則遷知制誥未知制誥者不作文

書 文獻通考

按歐陽修云侍從之臣論思為職林駉云持槖簪筆對立松階朝趨青瑣夕宿嚴衛參決疑難次典議論孰非侍從之職蓋自唐開元以來内預密命發演絲綸於是翰林學士以為專職而至德之後台輔之命出車之誥並皆書之漸不及中書矣

宋

宋秘書監掌古今經籍圖書國史實録天文歴數之事 宋史

宋直秘閣掌三館藏書同上

按宋有三館曝書之法凡三館書籍皆秘書直閣校理等掌之每歲五月一日始至七月一日止出三館之書與古圖畫墨跡以次陳而曝之蘇軾詩三館曝書防蠹毁是也校理等掌校讎文字有誤者則以雌黄塗其處取善本正改之凡校讎秘書郎正字校勘等皆司之校訖親書署其後曰某官某人校中興館閣録宋南渡後既建秘書省於臨

安每歲七月七日館職舉曝書會仍有詔嚴禁秘

閣書籍不許關借

宋著作郎著作佐郎掌以宰相時政記左右史起居

注所書會集修撰為一代之典古今圖書集成

宋崇政殿說書掌進讀書史講釋經義備顧問應對

宋史

按宋經筵每歲春二月至端午日秋八月至長至

日遇隻日則學士入侍邇英閣輪官講讀

宋翰林學士掌内制制誥赦勅國書及宫禁所用之文辭凡后妃親王公主宰相節度使除拜則學士草詞授待詔書訖以進赦降德音則先進草大詔命及外國書則具本稟奏文獻通考

按唐賜外國謂之蕃書宋與遼夏和有文辭往来則稱國書

宋翰林學士知貢舉宋史

按唐開元以前貢舉事則考功郎中司之後以禮

部侍郎主之謂之知貢舉宋自太祖太宗以來南省主文多用翰林學士如李昉宋白等皆學士主貢舉者禮部但領貢舉之事與奏名而已而禮部知貢舉之稱相沿不替

宋翰林學士掌使命館伴事朝野雜記

按宋與遼歲通使問正副使二人仁宗以後多用翰林學士一人如胡宿歐陽修劉敞穎並以學士出使又遼使至亦以翰林及他官一人為館伴

使如蘇軾爲學士而館伴遼使是已

宋樞密直學士掌簽書院事宋史

遼

遼翰林院掌天子文翰之事遼史

金

金國史院掌修國史翰林學士掌撰詞令秘書監專

掌書籍弘文院校譯經史古今圖書集成

元

元翰林院掌一切文字及頒降璽書元史

明

明學士之職凡贊翊皇猷敷敭人文論思獻納修纂制誥書翰等事無所不掌侍讀學士之職凡遇上讀習經史則侍左右以備顧問率其屬以從侍講學士之職凡遇上講究經史亦如之侍讀侍講視侍讀侍講學士凡入侍其職亦如之五經博士之職掌易者一人掌書者一人掌詩者一人掌春秋

者一人掌禮記者一人人各專門明經同異得失
究其指歸以備講讀典籍之職掌四庫書籍守扃
鑰以伺上命待書之職明習六書之法凡遇上習
書則侍左右以備考訂點書音聲待詔之職凡遇
上宣問文義以備呼名編摩謄寫等事亦如之史
官之職修撰掌撰述編修掌纂緝檢討掌檢閱凡
史事俾專掌焉孔目以首領為職掌言語趨走會
計簿書之事

按五經博士設於明初後四姓并程朱等世襲五經博士設而掌易詩書春秋禮以備講讀者遂廢則自永樂時也典籍之職雖曰掌四庫書實無所事蓋明太祖初置秘書監後復停罷以典籍代其職然洪武時書藏文華堂則在禁內永樂十六年遣陳循往南京取書至燕則又在文淵閣以視宋代之貯於秘書省者異矣嘗考黃佐云自正統以前翰林院官退朝猶得入閣中檢所未見書至景

泰中編修周洪謨輩猶然其後始為内閣所局鑰至正德中有為人盜竊者厥後舍人張萱作文淵閣書目已缺失不備而典籍久為虚設矣

又按翰林記永樂中華蓋謹身奉天三殿災楊榮麾武士三百人入文淵閣盡移御書圖籍於東華門河次是時書籍淆亂無紀典籍周翰理葺之逾二載而後復時典籍尚未失職也後館閣書目蓋即其時所定

明撰擬誥勅正統時令學士專司其事嘉靖時停罷

以講讀編檢官五人司之

按古以學士為内制謂事不由中書而出自上意者其詔命皆學士掌之大政令大廢舉與大除授皆在焉明時學士雖初年有知制誥之名然自永樂以來一切詔勅實内閣主之其除官拜爵既不復如唐宋之用白麻唯遇覃恩貤贈忠節贈官則行詞頭謂之誥命然雖掌於學士或使院官分為

之或借易舊詁辭用之非如唐宋輪日秉筆職有專司矣

明翰林院官掌修書史凡寶訓實録國史玉牒及志史纂譔學士講讀史官皆職其事凡實録既成則學士會同内閣焚其稿於内府

按明時開局修書初則徵用山林隱逸繼則兼用卿寺國子監中行評博曹郎而翰林實為專職

明講筵知經筵事用内閣大學士講書展書及日講

用本院及詹事府坊局官經筵講章先三日進呈

日講直解先一日進呈

按講義自宋時已有之宋范純仁劉安世等文集中尚有經義數篇蓋即當時經筵所撰進者但其體與明時不同明日講所進謂之直解

明講官記注起居日輪一員其編纂諸司章奏則別選講讀史官六員遇常朝御門日輪記注編纂官四員侍班郊祀耕籍幸學大閱亦如之

明學士凡郊壇廟社等祭及代祀皆得預焉其告祭

冊封亦得差遣

明翰林官凡國子監春秋祭則掌其分獻

明翰林官掌會議典禮及朝廷大事當會議者本院

官及詹事府坊局官國子監堂上官皆預

按明洪武初令儒臣陶安宋濂等與大臣議定制

度典禮封爵名號至於刑律亦預議焉

明學士掌殿試讀卷官與大學士兼用凡殿試則擬

策問以進其本院及坊局官兼充執事

按殿試以大臣讀卷自宋始

明學士掌教習庶吉士

按明會典凡庶吉士以學士二員教習然洪武中宋濂永樂中解縉皆領庶吉士未嘗抗顏為師也至正統戊辰乃為定制先是庶吉士俱於東閣進學至是令於本院外公署教習其教庶吉士文用文章正宗詩用唐詩正音

明翰林典試事凡會試用學士兩京鄉試及會試同考用講讀以下官武舉武會試則學士以下皆司之

明翰林官掌諸處舉到經明行修懷才抱德之士及學校歲貢生員舉人就教職者皆送院考試

明學士掌本院之考察凡本院官歷俸連閏計三年例考滿六年九年亦如之先具事跡及過失有無呈印官以憑考覈

按洪武十四年十月定考覈之法以翰林院為近侍不係常選官員任滿黜陟不由吏部十六年六月吏部奏定翰林院衙門屬官俱從正官考覈成化十四年令翰林院屬官并帶俸譯字等官本院學士會同内閣考覈至弘治元年始令翰林院官亦從吏部考察

明翰林學士掌稽考四譯館課程

按明洪武十五年命侍講火原潔等編華夷譯語

以通天下之言明會典云永樂五年設四譯館選
國子生習譯宣德中又選官民子弟委官為之師
而以學士稽其課業焉
明翰林院官掌評駁諸司奏啟有艱詞難字及鄉試
録有舛謬若犯國諱者已上並採明會典及翰林志
按翰林記又有考汰官吏清理武官貼黄考試軍
士稽考監生課簿稽考精微文簿考試僧道等曰
皇朝

太宗天聰十年三月定内三院職掌國史院掌記注
起居詔令收藏
御製文字凡用兵行政事宜編纂史書撰擬郊
天告
廟祝文及
陞殿宣讀慶賀表文纂修
祖宗實録撰擬礦誌文編纂機密文移及各官章奏掌記
官員陞降文冊撰擬功臣母妻

誥命印文追贈諸貝勒冊文凡六部事宜可入史冊者
選擇記載一應遠方往來書札俱編爲史冊秘書
院掌撰外國往來書札並録各衙門奏疏及詞狀
勅諭文武各官勅書告祭
文廟
諭祭文武各官文弘文院掌注釋歷代行事善惡進講
御前侍講
皇子並教諸親王頒行制度

世祖順治十六年三月定翰林院職掌一
經筵日講撰擬講章一外國奏書令四譯館繙譯一考
選庶吉士一開列教習庶吉士職名一纂修繙譯書史
一開列纂修職名一會試鄉試及武會試主考開
列職名一撰擬封贈
誥勅開列翰林官職名一題補翰林官員及差遣俸滿丁憂
給假行文等項一侍直一侍班一扈從一貼黄一修
玉牒一捧

勑書一教內書堂一上
陵一分獻一冊封一齋
詔
講筵
世祖順治十四年九月以
文華殿未建先於
保和殿開講厥後每歲春秋仲月舉行各一次
聖祖康熙十四年二月講官傳達禮進呈講章得

旨講章内書寫稱頌之言雖係定例但凡事俱宜以實如
秉至誠而御物體元善以宜民固已媲美三王躋隆二
帝等語似屬太過着改奏
二十一年八月翰林院進呈講章得
旨講章須有勸誡箴規之意乃稱啟沃今講章内有道備
君師功兼覆載二語太過其易之
二十二年八月
諭講官經筵大典自大學士以下九卿詹事科道俱侍班

所講之書必君臣交儆上下相成方有裨於治理向來
進講俱切君身此後當兼寓訓勉臣下之意

五十年二月

諭大學士從來經筵之設皆帝王留心學問勤求治理之
意但當期有實益不可止飾虛文朕觀前代講筵人主
惟端拱而聽默無一言如此則雖人主不諳文義臣下
亦無由而知之朕御極五十年聽政之暇勤覽書籍凡
四書五經通鑑性理等書俱經研究每儒臣逐日進講

朕輒先為講解一過遇有一句可疑一字未協之處即與諸臣反覆討論期於義理貫通而後已蓋經筵本係大典舉行之時不可以具文視也

皇上乾隆五年八月

諭講官經筵之設原欲敷宣經旨以獻箴規朕觀近日所進講章其間頌揚之辭多而箴規之義少殊非責難陳善君臣咨儆一堂之意蓋人君臨御天下敷政寧人豈能毫無闕失正賴以古証今獻可替否庶收

經筵進講之葢若頌美過甚不能實踐躬行反滋朕
心之愧此後務剴切敷陳期有裨於政治學問勿尚
鋪張溢美之虚文而無當於稽古典學之實義
謹按經書講章講官先期撰擬進呈届期講官出
班進講先書次經敷陳既畢羣臣跪聆
御論精微廣大具載簡編筆難罄述重以
聖聖相繼謙德彌隆頌美之文卻不以進誠足以光鉅典
軼前聞矣

日講定制每歲自二月
經筵後始夏至日止八月
經筵後始冬至日止每日於部院官奏事後進呈講
章繕録正副二本以正本先期進呈本日掌院學
士率講官二員或三員以副本進講歲終彙寫以
聞
聖祖康熙十二年三月
諭學士傅達禮朕以修葺宫殿移駐瀛臺暫留數日未進

講所以致知蓄德期於日新未容少間講官其日至瀛臺照常進講

十四年四月

諭講官日講原期有益身心增長學問今止講官進講朕不覆講但循舊例日久將成故事不惟於學問之道無益亦非所以為法於後世也嗣後進講時講官講畢朕仍覆講如此互相討論庶幾有裨實學

十七年定制

日講講章停止歲終彙寫止具本奏聞

二十二年八月

諭講官朕每旦未明求衣坐待部院奏事既畢然後入講不惟遲延晷刻亦且稽誤工夫自後於未啟奏前進講方得從容議論多所發明自是講官待漏宫門甫辨色

上已御講筵矣

謹按

聖祖勤於典學日有孜孜先是講官等以夏至冬至例應

輟講按期上請俱未
允行至康熙十三年九月以軍務殷繁請間日進講二十
四年三月以恭逢
萬壽請暫停進講復屢奉
明旨仍令日講如常
又按日講遇祀事致齋停止如遣官恭代則仍進
講
記注

凡
御門
陞殿
視祀版
經筵
殿試讀卷及上元歲除外藩來
朝
錫宴記注官皆侍班有事

壇
廟謁
陵
親耤
視學
大閱
校射
迎勞凱旋受俘及

駐蹕南苑
巡幸蒐狩記注官皆扈從
太宗天聰五年正月
駕幸文館遂入庫爾纏直房問所修何書對曰記注
上所行事
上曰此史臣之事朕不宜觀
聖祖康熙九年初置起居注令滿漢記注官每月各一員
侍直事畢以本日應記之事用滿漢文記注

十四年四月

諭起居注官朕向詣
兩宮問安爾等常隨行記注朕思昏定晨省問安視膳為
子孫者之恒禮嗣後朕詣
兩宮問安侍直官不必隨行

十八年九月

諭大學士等朕每日聽政一切折出票簽應商酌者皆國
家切要政務得失所繫今後起居注官除照常記注外

遇有折本啟奏俱令侍班記注惟會議機密事情及召
諸臣近前口諭記注官不必侍班
世宗雍正六年正月以大學士張廷玉請令八旗具奏及
補授官職事宜並移送起居注館以便記載
七年八月以大學士陳元龍請令各省題奏本章
俱增寫揭帖一通送起居注館記注後移交内閣
貯之
謹按記注冊籍書明月日及該直官姓名每月滿

漢文各一冊至次年按月排纂凡記注官侍班所
紀一一備載卷末彚為總䟦冊中用翰林院印鈐
縫貯以鐵匭扃鐍封識歲十二月題明記注官會
同内閣學士藏之内閣大庫

入直侍班

太宗天聰三年四月令儒臣分直文館
世祖順治十年五月
駕幸内苑以翰林官下直太早

諭曰承籍
天庥猥圖安樂人情盡然但欲希宴逸必先習勤勞俾國
家大定其樂方永朕與諸臣果能共勤政務裨益生民
天必眷之自今以往始自朕躬有過即改卿等各宜黽勉
勤為啟沃朕將殫力修省焉
是年十月令內院大學士學士於
太和門內更番入直
十七年六月

諭翰林院翰林各官原係文學侍從之臣今欲於

景運門内建造直房令翰林官直宿朕不時召見顧問

兼以觀其學術才品應分幾班每班酌用幾員即列名

具奏尋掌院學士折庫納王熙請分翰林官為三班每

班用講讀學士二員講讀二員編檢四員依次入直周

而復始又言臣等與各官職掌相同應否一體分

日直宿得

旨是折庫納王熙着直宿

聖祖康熙五年十月

諭大學士等朕不時觀書寫字近侍内並無博學善書者以致講論不能應對今欲於翰林内選擇二員常侍左右講究文義但伊等各供厥職且在外城不時宣召難以即至着於城内撥給閒房俾其陞轉在内侍從數年之後酌量優用再如高士奇等能書者亦着選擇一二人同伊等入直爾衙門議奏尋大學士等列名上請

命侍講學士張英加食正四品俸供奉内廷書寫之事止

令高士奇在内供奉加内閣中書銜食正六品俸

居住房屋内務府撥給又令大學士傳

諭張英高士奇選爾等在内供奉當謹慎勤勞後必優用

不得干預外事

三十三年五月

諭掌院學士張英翰林乃近侍之臣向因日講時時進見

是以猶知伊等言語舉止近來進見稀少講官侍班不

過項刻難以悉其賢否着將翰林詹事官員每日派四

員到南書房侍直令伊等學習文章字畫亦可以知其人之高下以備擢用
五十七年十月令翰林官五員於奏事日侍班至六十一年停罷
世宗雍正三年六月復令翰林官四員於
御門日侍班
皇上乾隆五年十月令翰林院於輪班之日將編修檢討十員帶領引

見
纂撰進奏
凡纂修
實錄
聖訓掌院學士充副總裁官講讀學士以下充纂修官纂
修
玉牒則以修撰編檢職名移宗人府充纂修官其編輯
諸書掌院學士充正副總裁官講讀學士以下充

纂修官

謹按編輯諸書刊刻告竣皆得奏請

頒賜其先經在事諸臣雖遇事故並許列銜

又按纂輯諸書詞臣皆就館局從事惟康熙二十八年十一月原任尚書總裁官徐乾學請假准以讐校諸書帶歸編次四十三年詹事陳元龍乞歸令以歷代賦彙攜至其家校對增益

皇上乾隆十年三月傳

諭在籍侍讀齊名南令將承修禮記前漢書考證屬草
後交原籍撫臣郵遞進呈皆為
特典
凡
郊
廟
陵寢及
社稷

嶽瀆諸祀祝文並

冊文寶文

誥勅文碑文祭文皆由本院官撰擬

謹按封贈

誥勅文順治初内院開具翰林職名奏請撰擬至康熙

七年吏部奏准按品刋刻文式停其撰擬

聖祖康熙三十四年三月

諭大學士翰林官專委以文章之事撰擬文字外更無他

務自是以後凡碑文祭文其撰擬之姓名並奏有俞允之旨及申飭之旨皆書於冊三奏俞允之旨三奏申飭之旨具以聞

五十二年十月令書局編校兼派用庶吉士

皇上乾隆元年二月

諭總理事務王大臣翰林以讀書為職業然讀書將以致用非徒誦習其文辭也古來制誥多出詞臣之手必學問淹雅識見明通始稱華國之選有裨於政事

今翰詹官員甚多於詩賦外亦當留心詔勅掌院學士以下編檢以上可各以己意擬寫上諭一道陸續封呈朕覽既可以覘其文藝之淺深並可以觀其胸中之蘊蓄倘有切於吏治民生者朕亦即頒發見諸施行則詞曹非徒章句之虛文而國家亦收文章之實用矣嗣後庶吉士散館後即照此例行

二年三月

諭總理事務王大臣朕在潛邸六經諸史皆嘗誦習自

承大統勑𢇁萬幾少有餘閒未嘗不稽經讀禮令祥
練既逾科臣畢誼所奏令諸臣日繕經史奏議理得
施行在朕廣挹羣言可以因事鑒觀隨時觸發而覽
諸臣所進亦可考驗其學或名見講論則性資心術
必因此可覘但畢誼所奏止及史臣而朕意科道職
司獻替應令一體録呈其規條應如何酌定並分日
按班呈奏事宜着定議具奏尋王大臣等議分翰詹
為一班科道為一班日輪一人具奏摺式先標經

文下注義疏或節畧史文下注史斷後皆附列所
見曰臣案云云以千言為率奉
旨每日繕進書摺朕披閱後交南書房收存其或召見
講論朕所降旨令本人於次日繕寫呈覽亦交南書
房收存將來行之日久不特集思廣益亦可薈萃成
書以資觀覽
教習庶吉士
國初多以内院學士為之侍讀等亦間有預者自

聖祖康熙九年後專設翰林院歷科皆以掌院學士領其事而內閣學士時參用焉至六十一年辛丑科始以工部尚書陳元龍領教習事厥後尚書侍郎之不兼掌院事者亦得為之

又康熙三十三年

命教習庶吉士等選講讀以下官資深學優者數人分司

訓課名小教習自甲戌科以下並仍其制

世宗雍正八年庚戌科始傳其選派

十一年五月

諭翰林院教習庶吉士所以造就人材使之沈潛經籍涵泳藝林可以典制誥之文鳴國家之盛也從前庶吉士皆就翰林院讀書教習大臣不時策勵是以身心約束學術易增館閣之間蔚然稱盛朕意今科選拔庶常仍令在衙門讀書俾教習諸臣得以朝夕訓課兼厚給廪餼資其膏火庶幾枕經葄史文藻可觀克稱詞臣珥筆之職應麽察照前例及如何加與廪給之處其酌議以聞

尋議庶吉士廩餼月給銀四兩五錢器用什物由
工部支取並撥給官房一所為教習館令庶吉士
肄業其中頒給
上諭人各一部內府經史詩文每種各三部存貯館內以
資課習從之
皇上乾隆十年乙丑
命復選小教習分司訓課如庚戌科以前定制
謹按康熙五十一年三月諸進士自選取庶吉士

外俱交禮部令翰林官學優品端者數人司其教習

又按一甲進士雖授修撰編修並同庶吉士教習以待散館其庶吉士年四十五以下者舊制皆教習

國書至雍正間每科祗選庶吉士年少資敏者十餘人令其教習乾隆二年五月停止滿洲庶吉士教習

國書之制

暫攝批本

内閣學士職在批票本章或遇奉使請假需人代

理則以翰林詹事坊局官及京堂之曾任翰林者

請

簡一二員暫行兼攝俟學士回署時受代而還

謹按暫攝之制起於雍正八年十月至乾隆九年

七月十一年九月閣臣皆循例請行

文衡

殿試讀卷掌院學士充讀卷官講讀學士以下充受卷彌封掌卷官其直省鄉試

世祖順治初惟順天江南浙江江西湖廣福建以講讀學士以下充正副主考官至

聖祖康熙三年定制各省通行差遣會試則掌院學士並充主考官講讀學士以下充同考官先是順治四年會試同考亦用庶吉士武會試則學士以下充

主考官順天武鄉試侍讀以下並充主考官其文
武會試主考官兼用講讀學士則康熙九年定制
世宗雍正元年令文鄉會試庶吉士亦充外簾官文
國初各省設提學道惟順天等大省稱學院然亦不
專用翰林
世祖順治十年六月始以翰林五品以下官提督直隸江
南江北學政其學習
國書者不差

聖祖康熙二十三年十二月吏部議定順天學政以侍讀
侍講諭德洗馬開列江南浙江以侍讀侍講諭德
洗馬中允贊善開列停其補用郎中道府
三十九年七月令各省學道員缺翰林官與郎中
並差
五十六年八月禮部題請順天鄉試主考官得
旨此次同考郎於所開正副考官内每房各用二人不得
派同省之人

世宗雍正元年二月令各房校閱仍用同考官一人

三年三月以遣學試兩差考試翰詹科道部屬諸

臣於

太和殿考取人員姓名識以牙籤貯以金筩臨遣時

大學士齎至

午門前每省製正陪各一員引

見差用

皇上乾隆元年三月

諭內閣今年八月舉行恩科鄉試其正副考官必人品端方學問醇正者始足膺衡鑒之寄朕即位之初不能深知諸臣之底蘊著鄂爾泰張廷玉朱軾徐本邵基任蘭枝徐元夢福敏孫嘉淦楊名時於翰詹科道部屬內各據所知多舉數員於五日內交送內閣彙奏候朕考試簡用庶得才品兼優之員以副掄才之大典

謹按典試視學文臣之榮選試而後遣其典亦至

為慎重乾隆三年既
詔大臣依元年例各舉所知然其時未與薦剡者亦聽
就試自是歷科恭用其制而甄别悉奉
睿裁法為兼備焉
又按磨勘直省鄉試卷凡翰林開坊以上官皆預
分閱
廷試就教舉人及歲貢生試卷編檢以上官皆預
奉使

凡
册封親王世子郡王及内外固倫和碩公主親王世子
郡王嫡妃以掌院學士充副使長子貝勒貝子及
長子妃貝勒貝子夫人内外郡主縣主郡君并外
藩蒙古親王郡王嫡妃以講讀學士講讀充正副
使外藩蒙古貝勒以下公以上夫人以講讀充正
副使
凡祭告使初用掌院學士及講讀學士康熙三十

六年令講讀亦得列銜五十七年令檢討以上皆
得列銜
凡出使外國翰林滿漢官皆列名請
簡
陪祀
凡本院五品以上官皆預國子監春秋展祀則以
大學士具名上請而以資深編檢二員司其分獻
謹按東軒筆録宋京師春秋社祭多差兩制攝事

又查慎行敬業堂集宋舊禮以祭酒博士三獻新禮以三公後復差太尉太常光禄卿令至聖前大學士行禮十哲分獻用翰林監丞博士隨後恭用宋時新舊禮也

編檢官專掌

世宗雍正元年五月令掌院學士於俸淺編檢内擇才守兼優者滿漢各二員專辦院事

八年三月令滿漢編檢各二員稽查六科史書録

事

十一年八月令左右兩翼宗學派編檢教習各二

員

詹事府

漢

漢詹事掌皇后太子家庶子主宫中并諸吏之適子

及支庶版籍中允朝請問起居 文獻通考

晉

晉詹事掌宮事若釋奠中庶子扶左庶子扶右洗馬掌圖籍釋奠講經則掌其事同上

晉中舍人與中庶子共掌文翰凡奏事文書皆綜典之同上

宋

宋詹事庶子所掌與晉同同上

按齊梁陳北魏北齊後周至隋詹事等所掌史多逸文通考惟云北齊詹事事無大小皆統之梁中

庶子掌行則負璽前後部護駕與功高中舍人一人共掌其坊之禁令庶子掌侍從左右獻納得失齊梁通事舍人掌傳宣令旨內外啟奏而已餘不能詳也

唐

唐詹事掌內外衆務糾彈非違總判府事庶子分掌左右坊事中允掌侍從禮儀駮正啟奏諭德掌侍從贊諭贊善掌侍從翊養洗馬掌侍奉及經史圖

籍同上

唐崇賢館學士直學士掌經籍圖書教授諸王屬左春坊同上

宋

宋詹事遇東宮講讀日並往陪侍庶子諭德左右輪日入宮同供職事同上

元

元詹事院掌左右輔翼及鞍轡弓矢飲食供帳之事

元史

明

明詹事之職於内外衆務無所不掌少詹事則貳之丞則掌文書以賛之通事舍人掌通謁賔賛禁令之事主簿掌勾稽録事掌傳遞左右春坊大學士綜勸學輔德文翰記注之事庶子掌宮中並諸吏之適子及支庶版籍行則負璽護駕拜則左右扶掖之諭德掌侍從賛諭中允掌侍從禮儀駮正啟

奏並監藥理刑賛善掌侍從翊養司直掌彈劾繩糾清紀掌伺察司諫掌諫諍司經局洗馬掌太子出則前驅導威儀圖籍經史之事校書掌校讐經籍正字掌刋正文字皆與翰林院互兼職事翰林志

皇朝

詹事府官職掌所繫並與翰林院互兼惟每月看驗月選官及每歲朝審則詹事少詹事與九卿科道入班其會題

旨下九卿詹事科道者亦入班會題

左右春坊掌講讀箋奏之事

司經局掌收貯書籍正字掌繕寫講章及裝潢之

事

凡

東宮千秋節及元旦冬至行慶賀禮其表箋文式由

詹事府坊局官撰擬頒發

凡

東宫日講講章即用

皇帝日講講章正本先期送進届期日講官恭捧副本

進講

欽定四庫全書

詞林典故卷四

恩遇

人臣躬膺眷遇垂之簡册於以見惠下之恩焉
於以見禮賢之盛焉於以見逢時之幸焉非徒
矜耀寵光流豔筆札而已我
朝
列聖加恩詞苑諸臣

異數殊榮超軼往古

國史所録私集所傳不可勝紀掇其尤者彚叙於篇至前代東壁西清類多優遇第其間或跡涉乎燕私誼弛於莊敬不能髣髴我

朝之恭儉慈惠足以垂訓方來者則闕而不書懼褻也又翰林昉自開元其禮遇所加必自設有專官斯徵故實故是篇採擷舊聞斷自唐始

唐

唐武德四年開館以延文學之士杜如晦房元齡虞世南褚亮姚思廉李通元蔡允恭薛元敬顏相時蘇勗于志寧蘇世長薛收李守素陸德明孔穎達蓋文達許敬宗等十八人並以本官兼文學館學士分番直宿恩禮優厚士大夫得與其選者時人謂之登瀛洲通鑑

按武德乃唐高祖紀元其文學館學士則太宗為秦王時府中所署也李肇翰林志首載其事

韋執誼翰林故事云貞觀中祕書監虞世南等十八人或秦府故僚或當時才彥並以弘文館學士會於禁中內參謀議出侍乘輿入陪燕私當時號為十八學士所記與史文微異

唐景龍二年始於修文館置大學士四員學士八員直學士十二員於是李嶠宗楚客趙彥昭韋嗣立為大學士李適劉憲崔湜鄭愔盧藏用李乂岑羲劉子元為學士薛稷馬懷素宋之問武

平一杜審言沈佺期閻朝隱等為直學士其後被
選者不一凡饗會游豫惟宰相直學士得從春幸
梨園並渭水祓除則賜柳圈辟癘夏宴蒲萄園賜
朱櫻秋登慈恩浮圖獻菊花酒稱壽冬幸新豐歷
白鹿觀登驪山賜浴湯池給香粉蘭澤從行給翔
麟馬品官黄衣各一帝賦詩學士皆屬和當時人
所欽慕 全唐詩話

唐孔帖張說進中書令詔說與禮官學士置酒集仙

殿上曰朕今日與賢者樂於此當遂爲集賢殿乃改麗正書院爲集賢殿書院而授說學士知院事 淵鑑類函

唐明皇於勤政樓以七寶裝成山座高七尺召諸學士講論古今勝者升座張九齡論辨風生首登此座 翰林志

唐姚崇爲學士明皇思崇欲與論時務令侍御者步輦召來時人榮之 唐書

唐李白召見金鑾殿草和蕃書思若懸河帝以七寶牀賜食御手調羹以飲之翰林志

按唐范傳正作李白碑云天寶初召見金鑾殿玄宗嘉之褐衣恩遇前古無比遂直翰林專掌密命而李肇韋執誼並云玄宗建翰林院韓紘閻伯璵陳兼李白等皆在焉雖假其名並不職事陸贄亦云玄宗建翰林止於倡和文章批答表疏其於樞密輙不預知四人與天寶相去未遠然說已不同

如此碑文又云上泛白蓮池召白作序時已被酒翰林院中乃命高力士掖以登舟而開寶遺事則云玄宗在沈香亭觀牡丹盛放召白使作樂府白方醉甚乃令高力士扶掖升殿上自以水洗其面使醒於是作清平調辭亦與碑文互異

又按後世多稱李白為翰林學士似有專官然碑文止曰直翰林即宋時刻白詩文皆曰李供奉集

唐玄宗置麴清潭砌以銀甎泥以石粉貯三辰酒一

萬車以賜當制學士等雲仙雜記

唐陸贄始入翰林年尚少天子常以輩行呼而不名在奉天朝夕進見然小心精密未嘗有過由是帝親倚至解衣衣之雖外有宰相主大議而贄常居中參裁可否時號內相唐書

按陸贄集序云贄扈從行在啓沃謀猷上特所親信有時燕語不以公卿指名但呼陸九而已又從官相失上夜召不至令於禁旅曰得陸贄者賞千

金頊之乃至太子諸王皆賀

唐韋處厚知制誥召入翰林院别充侍講學士嘗侍

上遊蓬萊池延問六經大義退而進詩一篇

上優詔答之賜以金紫内署故事與外庭不同凡

言學士必草詔書有侍講者專備顧問至是上思

有以寵之乃使内謁者申命去侍講之稱 劉禹錫序

唐韋綬在翰林德宗嘗幸其院綬方寢學士鄭絪欲

馳告之上不許時適天寒以從妃蜀纈袍覆之而

去唐書

唐德宗幸金鑾院問學士鄭餘慶曰近日有衣作否餘慶對曰無之乃賜百縑令作寒服唐國史補

唐元和時館閣湯飲待學士者煎麒麟草雲仙雜記

唐學士初上賜食皆蓬池魚膾夏至須冰及酒以酒味濃和冰而飲禁中有郢酒坊會要

唐文宗賜翰林學士章服續有待詔亦欲賜者本司以名上上曰賜君子小人不同日且待別日因話錄

唐令狐綯為翰林承旨夜對禁中燭盡帝以乘輿金蓮炬送還院吏望見以為天子來及綯至皆驚唐書

宋

宋太平興國八年召閤下舍人李穆宋白賈黄中呂蒙正李至入院時承旨扈蒙贈詩賀之有五鳳齊飛入禁林之句其或觀稼於南薫門賞花於含芳園春盡嚴蹕百司景從幸國西之金明池下雕輦登龍舟都人駕肩百樂具舉憩瓊林苑由複道御

層樓臨軒置酒以閱繁盛兩制必侍從焉至上林春融千花萬卉妍麗冠絶上必曲宴宰衡勲舊召兩制詞臣俯龍池垂金鈎舉觴賦詩終日而罷太宗嘗謂宰執近臣曰詞臣實神仙之職也翊日凡所進詩悉迴御毫屬和以賜焉續翰林志

宋太宗嘗諭蘇易簡曰詞臣清美朕恨不得為之夜幸本院易簡已寢内侍以燭自窻照之俾具衣冠紗窻燃破後不復補以示優禮同上

宋蘇易簡撰翰林志成以獻太宗大悅特賜詩二篇皆獎飾褒美之旨其後御筆批云詩意因卿進續翰林志美居清華之地也續翰林志

宋太宗於紅羅上御書飛白四字曰玉堂之署特以賜蘇易簡捧歸私第耀其親易簡之母具命服焚香拜而觀之喜歎之聲動於鄰里即命置本院中擇日懸挂乃具倚鑠於堂之上待詔院吏而下咸列賀於庭易簡曰自唐置學士已來幾三百年今

日方知貴矣同上

宋太宗御便殿案上有御書飛白一紙蘇易簡請賜

馬上雖許而未即予適呂蒙正奏事入見之又以

為請太宗曰已許蘇某矣遽命易簡取之左右無

不健羡同上

宋蘇易簡嘗奏事歸院太宗即時宣召顧左右曰宣

蘇某來及對敬而退上猶未起又曰召當直學士

來及再對畢出未到廳上又曰召承旨來蓋政事

多所咨訪故一日三接見而三易其稱特眷注之深厚耳同上

宋太宗以蘇易簡久在内署費用不足特為定草麻例物每除官者朝謝日命閤門督之自是無敢闕者易簡好飲酒上嘗作戒酒勸酒詩二章草書以賜同上

宋學士楊億初為光禄丞太宗愛其材一日後苑賞花宴詞臣億不得預乃作詩以貽諸館閣諸公不

敢匿即以進呈上詰有司所以不召之故左右對以未帖職即命直學士院免謝令預晚宴其眷遇如此 澠水燕談錄

宋楊億為翰林學士以久疾初愈入直乞權免十日起居詔免半月仍令出宿私第億具表謝真宗以詩批其末眷禮之盛古未有也 石林燕語

按却埽編云億初入館時年甚少故事初授館職必以啓謝先達億啓事有曰朝無絳灌不妨賈誼

之少年坐有鄒枚未害相如之末至一時稱之
宋晁迥在翰林以文章德行為真宗所優異因草詔
命坐賜茶既夕上顧左右取燭與學士中使執以
前導出內門嘗侍宴禁中賞花故事惟親王宰相
則使中使為插花餘皆自簪之上獨令內侍為迴
戴花觀者榮之太平盛事

宋真宗一日晚坐承明殿召學士對既退中人就院
宣諭曰朕適忘御袍帶卿無訝焉學士將降謝中

人止之云有旨放謝真宗禮遇詞臣厚矣澠水燕談録

宋陳彭年在翰林所兼十餘職皆文翰清祕之目時人謂其署銜為一條冰册府元龜

宋錢惟演在翰苑時中秋有月上問當直學士是誰左右以姓名對命小殿對設二位召來賜酒惟演至殿側侍班俄頃女童小樂引步輦至宣學士就坐惟演奏故事無君臣對坐之禮上云天下無事月色清美與其醉聲色何如與學士論文若要正

席則外庭賜宴正欲畧去苛禮放懐飲酒固辭不已再拜就坐上引謝莊賦李白詩美其才又出御製詩示惟演惟演仰歎聖學高妙每起謝必敕内侍挾掖不令下拜夜漏下三鼓上悦甚令左右宫嬪各取領巾裙帶或團扇手帕求詩應之畧不停輟上云豈可虛辱須與學士潤筆遂各取頭上珠花一朶裝於幞頭簪不盡者置服袖中宴罷上命撤金蓮燭令内侍扶掖歸院翌日問學士夜來醉

否奏云雖有酒不醉都下盛傳天子請客錢氏私誌

宋吕溱以侍讀學士知徐州賜宴資善堂遣使諭曰此特為卿設宜盡醉也詔自今由經筵出者視為例宋史

宋曾公亮為天章閣待制賜金紫先是待制不改服仁宗面錫之曰朕自講席賜卿所以尊寵儒臣也遂知制誥同上

宋學士王珪召對蕊珠殿設紫花墩命坐珪詩有曾陪

蕊珠殿獨賜紫花墩紀其事 翰林記

宋張方平在翰林仁宗嘗手詔褒之曰卿文章典雅有三代風 言行録

宋仁宗擢司馬光為學士光上疏力辭上手以誥敕授光 司馬家傳

宋蘇軾在翰苑薄暮中使宣召入對内東門宣仁后曰學士前年為何官曰臣前年為汝州團練副使今為何官曰臣今待罪翰林學士曰何以遽至此

曰遭遇太皇太后陛下曰不關老身事曰遭遇皇

帝陛下曰亦不關官家事曰豈出大臣論薦曰亦

不關大臣事軾驚曰臣雖無狀不敢自他途以進

宣仁后曰久欲令學士知此是神宗皇帝之意帝

飲食停匕箸看文字宫人私相語必蘇軾之作帝

每曰奇才奇才但未及進用耳已而命坐賜茶撤

御前金蓮燭送歸院聞見後録

宋舊制學士凡召入院止賜銀鞍勒馬暨後優待特

異賜金鍍銀閙裝鞍馬對衣荔枝金帶郊禮畢

賜對衣金帶或牯犀帶金魚副之十月朔舊賜對

衣紅錦袍上特以細花熟錦袍代之自是遠方之

珍果天府之法釀龍鳳之茗荈伏臘之餅餌以時

而賜悉加等焉 續翰林志

宋紹興十四年九月車駕幸祕書省至道山堂御幄

降輦後進食畢催班右文殿下報引羣臣使相樞

密侍從正任以上提舉祕書省官以下各宣名奏

萬福訖候御樂降階行禮畢上起詣祕閣宣羣臣觀
累朝御書御製書畫古器等祕書少監以下閣下
侍立俟觀書訖先退赴右文殿立班定上起歸幄
更衣臣僚從駕還内如來儀賞賚羣臣有差又詔
祕書省實録院官各轉一官祕書少監仍賜緋章
服并御書扇 館閣録

按淳熙五年九月幸祕書省一如紹興中故事

宋侍讀史浩錫宴澄碧殿抵暮送以金蓮燭宿玉堂

直廬命作詩叙此會浩進古詩上御製俯同其韻

玉堂雜記

元

元天歷二年春肇開奎章閣延登儒流入侍燕間萬幾之暇親灑宸翰書奎章閣記刻置禁中凡墨本悉識以天歷之寶或加用奎章閣寶應賜者必閣學士持詣榻前四復奏然後予之

黄文獻集

明

明太祖吳元年詔以學士朱升年老特賜免朝謁翰林記

明洪武初編修羅復仁者上喜其誠樸車駕一日幸其私第復仁方操塗具完壁不虞上之至也呼妻以櫈坐上上與語良久歎息而去即命工部賜第城南門外尋以為弘文館學士及乞致仕從之賜以大布之衣謂曰表爾樸也同上

明洪武初編修張藻仲歸娶詔賜驛舟寶鈔同上

明洪武七年皇太子臨大本堂召東宫讃讀及諸王府讃讀等二十五人諭之曰爾等離父母去墳墓者三年矣今冬氣向深草木揺落寧不惻然動懐土之情乎吾已為請於上宜各旋歸歸即遄至毋令吾久望也因出内府錢分賜以為道塗費 同上

明初宋濂為起居注卧病京師官舍六日不入侍上顧問近臣曰老宋起居何久不見或言其有疾上憂形於色曰宋起居純飭之士侍我十五年猶一

日不知何以有斯疾越三日問病勢損否或對如初上曰爾往傳命俾歸養金華山中父子祖孫懽然同聚疾必易愈愈則速造朝國家文翰不可曠乃出太府金以賜候問之使相屬於道時方嚴肩輿之禁雖相國亦不輕許特命造安車給十六人以載尤異數也同上

明洪武六年學士宋濂詹同侍上宴於便閣同被酒而還時監生黃泉在院中同愛其有俊才賦詩贈

之少頃復召同與濂至右順門上謂同曰卿醉猶未醒耶同對曰臣雖醉尚能作詩贈黄秀才謂彔也上命取來觀之笑謂濂曰朕和同詩卿為朕書之濂歸與同列言之以為詞壇盛事 同上

明洪武七年以學士宋濂老而艱於行詔太子選良馬以賜上親作馬歌令羣臣賡和示寵澤焉 同上

明宋濂侍宴上親賦楚辭一章以賜仍命侍臣賦醉學士歌 通紀會纂

明洪武九年六月上謂學士承旨宋濂曰朕以布衣為天子卿亦起草萊列侍從為開國文臣之首俾世世與國同休戚不亦美乎趣令取子孫官之屢辭謝不敢有詔不允遂徵濂冢子瓚之子慎為殿廷禮儀司序班未幾復召濂子璲為中書舍人上時休暇輒命題試璲與慎而戒勅之笑謂濂曰朕為卿教子孫濂或奏事久稱倦上命璲慎共扶下殿　翰林記

明洪武九年十一月學士承旨宋濂致仕詔特贈其
父原贈禮部侍郎文招為嘉議大夫禮部尚書祖
德政為亞中大夫太常寺少卿誥辭皆上親製稱
濂有曰德量之宏如千頃陂澄之不清撓之不濁
天下榮之 同上

明學士承旨宋濂致仕將行上曰卿去何時復來見
朕幸相待數日姑徐徐行遂賜金幣文綺問卿年
幾何對曰六十有八上曰藏此綺三十二年後作

百歲衣也濂請歲一來朝明年入朝見於端門上
大喜加勞再三特勑賜醪膳諸物於寓比歸復遣
使賜上尊至於道所經行上親為之指畫既行數
日上問其子璲汝父道中安否曰安未幾復謂璲
曰朕疇昔之夜夢見汝父雖去其容儀儼然在朕
目中也 同上

明洪武十四年賜本院官羅衣各一襲 同上

明洪武十六年正月以右贊善董倫為左春坊大學

士賜文綺六疋鈔五十錠十七年三月賜學士宋
訥文綺帛各二疋鈔十錠同上

明永樂初萬壽聖節學士侍宴奉天殿近侍及修史
官宴中左門正旦元宵端午重陽冬至臘日等節
往往宴於禁庭皇后皇太子千秋節亦如之若御
三殿筵宴於内閣學士尤隆至或有撤御筵玉食
以遺其父母者同上

明沈度弟粲皆善書永樂初詔部簡能書者入翰林

度與選名出朝士右凡金版玉册用之朝廷藏祕府領屬國必命之書遂由翰林典籍擢檢討歷修撰遷侍讀學士粲自翰林待詔遷中書舍人擢侍讀進階大理少卿兄弟並賜織金衣鏤姓名於簡泥之以金時號度粲大小學士 明史

明永樂三年命學士解縉等選新進士才識英敏者就文淵閣進學於是選修撰曾棨等凡二十八人以應二十八宿時庶吉士周忱自陳年少願進學

上喜曰此有志之士也命增忱為二十九人人歆其榮通紀會纂

明永樂十三年七月學士楊士奇等侍文華殿上出趙孟頫所書滕王閣序賜之翰林記

明永樂十八年四月上在西内圓殿召學士楊榮金幼孜至殿外命坐賜食其羹糜葢出於御前調和珍異非常且復有上尊熟食酪漿櫻桃之賜所賜上尊封識皆有墨印洞庭春色四字同上

明永樂二十年金幼孜與侍讀王英扈從北征英嘗奏事上喜曰秀才是二十八人讀書者朕需爾為用正好宣力又諭太監孟驥曰秀才有事即令入毋阻二十一年楊榮扈從西征一應軍務悉命榮掌之日夕或三接或五接每以楊學士稱之而不名　同上

明永樂中上召學士楊士奇等七人謂之曰朕即位以來爾等朝夕在左右敬慎勿怠宜益謹守厥終

士奇等對曰臣等猥蒙委任敢不勉圖報稱上大悦賜象笏幞頭公服尋賜二品織金紵絲衣士奇等入謝且言恩禮太過上曰卿等翊賛之功不在尚書下故特賜二品服以示旌異豈為過哉 同上

明永樂中上時至閣中必有厚賚或閱諸學士及庶吉士所製詩文詰問評論以為樂 同上

明仁宗建弘文閣於思善門作印章命翰林學士楊溥掌閣事侍講王進佐之親舉印授溥曰朕用卿

等於左右非止助益學問亦欲廣知民事為理道之助卿等如有建白即以此封識進 明典故紀聞

明宣德初内閣學士楊士奇等被賜玉帶瑪瑙鶴頂龜筩琥珀花犀合香諸帶及龍骨等鞶腰皮裘黑貂銀鼠帽少詹事曾棨王直賜寶帶王英賜金鑲琥珀麒麟帶各有差 翰林記

明宣德三年七月召尚書蹇義夏原吉楊榮楊士奇等同遊西苑上命臨河舉網得魚數尾令

中官具酒饌賜魚羹既而賜以金帛絲環玉鉤等物又賜宴於東廡被旨盡醉而歸　同上

明宣德四年十月車駕幸文淵閣周視大學士入直之所命增益屋宇兼賜飲饌器用次日謝恩已而復賜詩及寶鈔學士李時勉等皆預焉七年駕幸史館賦招隱之歌學士錢習禮等迎謁俱被賜賚

同上

明宣德八年四月命羣臣遊西苑翰林則少傅楊士

奇楊榮少詹事王英王直侍讀學士李時勉錢習禮與焉中官傳上命賜黃封之酒御廚之珍爵數行時久未雨忽陰雲東來徹雨霑席相與引滿勸酬盡醉而出東里集

明宣德中賜楊溥第在東安門外天順元年冬賜李賢甲第一區同上

明宣宗初即位起學士李時勉用之一日幸文淵閣賜諸學士飲呼時勉謂曰卿非朕安得飲此酒時

勉頓首謝他日侍遊西苑上賜時勉酒酌以上所
御金甌時勉辭曰臣可與陛下同飲不敢與陛下
同器上悅命賜以銀爵既醉上出御製詩俾和之
翰林記

明宣宗初特詔翰林諸詞臣還鄉焚黄同上
按焚黄之式起於宋時蓋為居官晉秩以封贈誥
詞別謄於黄紙而焚之榮其親也

明天順中賜大學士李賢陳文等玉帶學士呂原等

金帶暨玉杯錦服貂帽之賚歲無虛月同上

明成化中學士王憲掌院事賜金帶侍讀學士彭華攝詹事亦賜金帶故事學士非典密務侍日講者不與是賜葢異數也同上

明成化中憲宗一日於内庫得古帖斷爛不可讀命中使持至内館使理之適檢討傅瀚在直次爲韻語須臾而成上大悦有珍饌法酒之賜同上

明正德五年寧夏平賜大學士賞功金牌而詹事學

士及日講官皆預焉前此未有也翰林記

皇朝

世宗嘉惠詞臣寵榮備至

皇上親臨院署右文稽古備詳

盛典卷中茲不載述若夫恩遇之見於

熙朝者懿文洽禮皆類次焉

優眷

世祖順治十年國史院檢討王熙

召見弘文院
命以國語奏對隨擢國子監司業並
賜洪武寶訓三國志二書十一年秋擢司經局洗馬十月
　熙侍直
南苑
上猝至直慱閱熙所譯書稱善久之令長直
　南苑十二年隨獵
賜乘御馬十三年選日講官熙未列名

特旨擢用其年冬
上幸景山臻禄閣
名講官進講熙講堯典稱
旨命每日進講又
諭嗣後不必立講遂侍坐十四年又
諭駕出即隨不必請旨其年七月陞弘文院學士時熙父
崇簡任國史院學士
上諭曰父子同官古今所少以爾誠恪特加此恩十六

年修撰徐元文以
廷對第一特蒙
眷注嘗扈從
南苑
賜乘御馬令學士折庫納為執鞚折庫納元文館師也因
謝不從乃改命侍衛又嘗晚對
便殿夜分
賜饌

上問從者得毋饑予復令侍衛賜之食

聖祖康熙十二年七月

諭講官傳達禮朕或出郊外或幸南苑嘗不輟講以此翰林官員每次隨從但翰林各官俱遠離家鄉京城毫無貲産扈從不免艱苦殊為可念嗣後扈從講官所用帳房及一切應用物件酌定數目由内府給與

是年十月編修張英孫在豐扈從

南苑入夜值大風雨

上在行宫謂侍臣曰兩翰林恐油幕未具得無有沾濕之
若時已漏盡三鼓
命中使至學士傅達禮帳中傳
諭移於五店
皇莊安宿學士回奏臣已為二人料理何敢煩
聖慮時英等已就枕翌日學士傅
旨英等詣
行在恭謝是月

上在南苑行宫方張燈伸紙作大書中夜傳侍讀學士喇
沙里至前復問兩翰林此時作何事對曰方在直
廬讀書
上曰可令兩人各賦良馬詩學士請問良馬狀
上曰此不必論古人以騏驥比君子所謂驥不稱其力稱
其德也即日恭賦二律以進
十七年正月
召學士陳廷敬同戶部郎中王士禎見於

懋勤殿
命各以所作詩進呈
温語良久至誦廷敬
賜石榴子詩風霜歷後含苞實只有丹心老不迷蒙
恩褒美
命至南書房撤
御膳以賜内侍齋二題
命賦詩夜漏下乃退

是年夏
駕幸景山
命學士張英侍讀高士奇從
上賦夏日登景山同翰林張英高士奇作詩一章七
月復
御書是詩以賜英等
駕幸西山將至潭柘寺
上命士奇於馬上聯句二首

十八年五月

命内廷供奉周道寫侍讀學士張英小像裝潢成軸

賜之

是年學士孫在豐扈從

南苑翼園之内有麞鋌走

上以御用弓矢授在豐射得麞遂

賜之謂大臣曰孫在豐文武材也及試武進士

上復命在豐射射連中

上大悅語侍衛是固曩日射麞者也後嘗扈
駕南巡至蘇州
上傳諭云孫在豐家湖州去此不遠可一往省頻行復
諭汝来不必至江寧第於淮揚諸行在其金陵名勝有應
留名處汝係從官必為爾題名也
二十年六月侍講高士奇偶病時熱
命御醫診視
上以御札令編修杜訥謄寫於小牋之上遣内侍齎白金

賜之

五十兩

二十五年四月講官陳元龍侍班

乾清宮西煖閣啓奏畢

上顧元龍曰爾精於楷書朕素知可寫大字一幅因令就

御案作書内侍濡毫伸紙

上降座立案前觀書書畢

嘉奬良久出

御書闕里碑文賜覲及退食晝漏已頻移矣二十八年
聖駕南巡至濟南登城閱視畢
回鑾將下城從官皆控馬立女牆傍
上顧講官陳元龍曰爾書生可即乘馬隨朕而行勿落後
擁擠可慮隨令中使扶元龍上馬
是年
駕至浙江杭州
幸高士奇西溪山莊

賜五言詩一首並
御書竹窗二字
三十五年秋韓菼任翰林院掌院學士累陞至禮
部尚書皆學士如故
上嘗語大臣云韓菼天下才風度好奏對亦誠實又云韓
菼學問優長文章古雅前代所僅有也又云韓菼所為
文能道朕意中事凡應奉文字每進一篇輒稱善館閣
撰述菼必與焉

三十九年七月

諭大學士等翰林官及庶吉士內有極貧者此等如何施
恩有益供職並給假回籍之翰林官庶吉士有生計艱
難無力至京者該督撫酌量資助令其來京部議各省
學道缺出自講讀以下應列名請差翰林官貧乏者月
給銀三兩得
旨依議翰林官所學優長朕俱知之但其為人尚未深悉
此後學道缺出除告假在籍日期不論外較俸派出

互見職掌卷中

四十二年二月中允蔡升元恭迎

聖駕

召入御舟問對移時

天顔温霽問爾同年皆爲大僚爾何故久不來京升元以

三代未葬爲對行十餘里

命中使引上副舟仍令移傍

御舟

上諭明日至杭州再賜爾字十六日恭進迎鑾詩

聖壽萬年頌

上披閱之下再三稱賞遂令入

行殿

命侍衛海青傳

旨蔡升元在講筵甚久家計甚貧爾祖父葬事約須多少

朕給爾所費升元感激涕零不知所對海青隨傳

旨賜銀六百兩且令事竣速即來京又

賜御書臨黄庭經絹字一幅

四十三年詹事陳元龍以親老乞歸繕疏送通政

司仍赴

苑中内直中使傳

旨云爾告歸之疏已達覽閣票該部議奏俟部中具覆再

下旨時幾及一月爾思親念切且天氣漸熱可即起身

不必等候復

賜人葠二斤傳

旨云可攜歸奉爾父也
　四十四年三月詹事陳元龍迎
駕
上倚船窗慰問詢及爾父老年無恙否元龍進呈臣民望
　幸詩冊四月
御製詩集一部
　皇輿表一部又
皇輿表一部

賜元龍父陳之闇内製砥石硯一方
御書金扇一柄閏四月又
賜之闇人葠二斤並追
賜元龍母陸氏慈教貽庥扁額傳
諭云爾有老親在家可從此辭歸不必遠送
是年五月
上御淵鑒齋召大學士張玉書陳廷敬尚書王鴻緒少詹
蔡升元學士查昇陳壯履王原祁編修楊瑄勵廷

儀張廷玉錢名世查慎行蔣廷錫等入至雲步石
賜饌畢又賜荷花一瓶隨命由蕊珠院延賞樓泛
舟回直廬
四十八年三月
召內廷翰林入淵鑒齋乘舟至瑞景軒蕊珠院露華樓遍
觀各種牡丹
皇上乾隆七年二月右庶子張鵬翀進奏經史
召對便殿

温語移時
賜御書文綺鵬翀作紀恩詩六章次日畫春林澹靄圖
進呈即題其上
上用元韻俯和
龍章立就筆不停綴蕉
命大學士張廷玉傳
諭秉興偶成非誇多鬬靡蹈翫物喪志之戒鵬翀復於
宫門賡韻以進

上嘉其敏捷復

賚松花綠石硯一方鵰翀又嘗進日長山靜便面并詩

上仍用其韻

立賜詩八章先後進和詩不可勝紀

謹按自古君臣倡和如帝舜臯陶之賡歌成王召

穆公之遂歌尚已三代以下若唐太宗宋仁宗君

臣間並得拜颺矢音之遺意然皆君倡臣和者為

多

皇上於臣下之作
特賜和章且軫民依則廑乎重農望雨之心眷詞臣則
擬以撤燭送歸之事視昔鳳池榮遇萬倍過之敬
登
聖製鴻篇於藝文卷中以誌曠典
是年十月
上於紫光閣閱武舉騎射講官張鵬翀侍班屢荷
天語垂問試畢會瑞雪應時而降

上賦太液池泛舟咏雪示詞臣張鵬翀五言律一章

宣鵬翀登

御舟

賜坐給筆札

命和詩畢隨

輦入朝賦咏雪紀恩詩四章進呈復

示詩二章

命翌日和進

沈德潛以乾隆四年己未入翰林
上知其績學晚遇
眷顧有加
聖製詩成時
命賡和嘗以所著詩文進
上賜和覺生寺大鐘歌即用其韻有我惜德潛老始達
之句至乾隆十一年丙寅德潛晉階內閣學士九
月朔請假葬親

上賦五言長律一章以
寵其行
召見西暖閣
垂問何日還朝
恩禮款洽並
允德潛請
特賜誥封三代
上復賦五言律一章十二年丁卯假滿赴

闕

上為賦沈德潛乞假葬親畢還朝詩以賜之五古詩一

章以請假時奏對及還朝月日故

聖製有朋友重然諾況在君臣間之句以未還朝時先

命隨侍

皇子讀書故有善為道孔顏之句並載藝文中

遷擢

世祖順治十年五月

諭吏部翰林官陞轉舊例論資俸兼衡才品朕思果有才品特出者何必拘於舊例右春坊右中允仍管內翰林祕書院修撰事呂宮官章簡明氣度閑雅朕所親見者遇學士員缺即與推補以示破格用人之意

是月又

諭吏部內翰林弘文院修撰麻勒吉會試殿試皆居第一同庶吉士教習有志向學朕觀其氣度老成兼通清漢文義遇有侍讀學士員缺即行推補

十一年正月

諭內院朕時蒞內院每見祕書院侍講卓爾在院供職勤慎可嘉著特陞一級以示獎勸

聖祖康熙元年正月

諭吏部原任大學士希福范文程甯完我額色黑皆自太祖文皇帝時歷任內院贊理機務効力最久勤勞素著其子宜加擢用以示鼓勵范文程子范承謨額色黑子塞色黑已補授內院學士希福甯完我各一子亦著以

學士用

十六年三月大將軍和碩康親王捷書將福建不
肯從逆之編修李光地等題請議敘得
旨李光地不肯從逆差人密奏地方機宜忠貞茂著深為
可嘉著從優議敘尋授光地額外侍講學士明年十一
月鎮東將軍喇哈達疏言泉州在籍侍講學士李
光地遣人至臣軍中為大兵鄉導由漳平縣朝天
嶺小路入安溪縣復遣人修通險道接濟軍需又

躬迎大兵文臣爲國盡勞請加議敘得

旨李光地當閩地變亂之初不肯從逆具疏密陳機宜殫竭忠貞今又遣人迎接大兵指引道路平險隘治浮橋餽食物餉軍率民兵備辦糧米供給兵衆口糧矢志滅賊實心爲國深爲可嘉著從優授爲學士

十九年四月

上以日講起居注各官俱學行優長簡備顧問講解明晰奉職勤勞

勅部從優議叙議上
上命掌院學士葉方藹加禮部尚書銜詹事沈荃加禮部
侍郎銜侍讀學士蔣宏道侍講學士崔蔚林嚴我
斯加詹事府詹事銜侍講董訥王鴻緒加侍讀
學士張英授為翰林院學士兼禮部侍郎内閣
中書高士奇授為翰林院侍講食原品州同俸杜
訥授為翰林院編修左春坊左庶子張玉書加詹
事銜翰林院學士庫勒納詹事格爾古德侍讀學

士牛鈕常書侍講學士朱馬泰侍讀阿哈達俱於

現任内各加一級

二十三年擢少詹嚴我斯侍講董納俱為禮部侍

郎兼侍讀學士

四十年擢侍讀學士許汝霖為工部右侍郎

四十四年四月

諭大學士等原任翰林院侍讀徐倬年逾八十學問淵博

可特授禮部侍郎銜以示優獎

五十一年正月擢原任大學士張玉書子編修張
逸少為翰林院侍讀學士
世宗雍正四年九月吏部奏翰林告病休致之員恭逢
恩詔俱准補用嗣後凡有告假者或仍令休致或准其起
用得
旨准其起用
謹按康熙五十三年二月以翰林編檢庶吉士多
告假者因令照致仕知縣例不准補官至是復邀

寬典均得起用

五年二月以河清恩

命翰林院修撰編修檢討各加一級

皇上乾隆三年九月

諭內閣廣東庶吉士劉起振年屆九十遠來京師著授

為翰林院檢討准其回籍

謹按庶吉士例以三年散館後授職或

恩加不次未及散館先予授職者或已逾散館之期免

其補試即予授職者如順治間則有宋德宜崔蔚林康熙間則有沈宗敬勵廷儀汪灝蔣廷錫查慎行梅瑴成雍正間則有黄之雋張廷玠張泰基蔣溥張若靄至是劉起振以未經散館特蒙

擢授前後如朱堪張若澄梁啓心並除編檢而已未之涂逢震以未散館即陞中允尤為異數云

又按雍正九年四月

命左都御史史貽直等率翰林院庶吉士等官前往陝甘

二省訓導多士十年四月事竣得
旨議敘鹿邁祖孫灝朱鳳英佟保孫人龍俱授編修陳中
薛韞李賢經色通額俱授檢討
又按原任庶吉士董泰以分教庶吉士
國書於乾隆四年復授庶吉士七年免散館授職編
修皆非常格也
四年十月侍讀王圖炳請告
命加詹事銜並

賜内造緞寧紬各二端

侍宴

聖祖康熙十二年六月

上幸瀛臺御迎薰亭賜諸王以下諸臣及翰林等官宴大學士索額圖兵部尚書明珠傳

諭曰諸臣日理政務畧無休暇今值荷花盛開夏景堪賞

朕特召諸王貝勒等及爾諸臣同宴以示君臣偕樂其各盡歡以副朕優渥至意大學士圖海奏曰臣等躬逢

盛世媿無寸長仰酬萬一今荷
隆恩賜宴
天語慇懃雖家人父子無以踰此於是
上率諸王貝勒等於南河登舟各官次第於北河登舟往
來賞宴畢諸王及各官謝
恩出

十八年五月
上幸西苑泛舟詞臣侍宴

二十年七月

賜内閣部翰詹科道等宴於

瀛臺

命侍讀學士張英同内大臣主席又令内大臣佟國維等

傳

諭曰内閣及部院各衙門諸臣比年以來辦事勤劳令特

召集爾等賜宴因朕方駐瀛臺即以太液池中魚藕等

物賜諸臣共食之又

賜綵緞表裏大臣率諸臣叩謝各依次坐

上命内大臣等以金尊

賜飲一巡宴畢諸臣各謝

恩出越日詞臣各撰詩賦以獻

二十一年正月

上御乾清宫宴内閣九卿及翰詹日講官科道等九十三

員

上命學士張英侍講高士奇傳

諭曰向來內殿筵宴諸臣未與今因海內乂安時當令
序特於乾清宮賜宴君臣一體共樂昇平用昭上下
泰交之盛諸臣當歡忭暢飲以副朕懷大學士李霨
奏曰
皇上特恩曠典千載一遇臣等不勝感激奏畢分左右班
以次序進樂作各就位一叩頭坐
上進膳諸臣乃飯
上命各飽飫盡量少選撤饌更設肴核酒觴既陳大學士

廷敬等出宣
旨羣臣奏曰臣等敢不歌詠太平但恐不能賡颺
聖德大學士李霨言柏梁體詩首一句當恭請
皇上御製廷敬復入奏
上曰明日早發翊日廷敬等至
宮門祗俟侍衛捧
御製詩序出羣臣集
太和殿下以次賦詩凡九十三韻比詩成恭進

御書詩序詩則
詔詹事沈荃書之刻石養心殿摹搨裝潢九月九日
賜與宴諸臣人一册又
賜不與宴大學士王熙學士牛鈕各一册
二十二年正月
召大學士九卿詹事日講官科道等
賜上元節宴於
乾清宮宴畢諸臣謝

恩出復

召大學士明珠學士張玉書牛鈕陳廷敬

諭曰今日因上元令節特賜卿等宴以示優眷尚有馴馬

内帑令於掖門外頒賜朕念諸臣中有年力衰老不能

久坐者故夜漏未闌遂爾罷讌恐口諭未悉朕懷兹書

諭旨一道示卿等可傳示諸臣知之諭曰從來君臣之

分雖甚尊嚴上下之情貴相浹洽甞觀唐宋盛時堂廉

不隔以成交泰之治卿等朝夕勤勞出入奏對朕心時

切嘉念今將内廐馬匹及滇中新到馬匹擇其馴良易於控御者須賜卿等加以内紵卿等其各承受示朕優眷之懷大學士各表裏六疋馬一匹尚書左都御史各表裏五疋馬一匹侍郎學士副都御史各表裏四疋馬一匹通政使大理寺卿詹事日講官各表裏三匹科道各表裏二疋

二十三年元旦

南書房翰林宴歸

上復遣內侍以肴果二席各
賜於其家
世宗雍正四年正月
召大臣及內廷翰林等
賜宴於
乾清宮宴畢
頒賜
聖祖御批通鑑綱目各一部並蟒緞貂皮合包等物

是年九月九日
上御乾清宮西暖閣召
皇子諸王大學士九卿以下翰詹科道及大臣之能詩
者九十四員賦栢梁體詩
欽定八庚韻硃書黃籖分給諸臣各一字授几賜坐筆墨
燦陳酒肴并列内侍傳
諭今日賦詩式讌用昭君臣一體之誼諸臣毋得過拘禮
節能飲者不必限以三爵諸臣聆

諭方共持杯染翰
御製先成
命大學士張廷玉捧示諸臣涵蓋萬有義藴精深諸臣詩
句次第搆就書於分韻黄籤進呈
皇子諸王及大學士九卿等至
御前進酒上壽
上親賜
皇子諸王大學士尚書都統等欽命

皇子諸王分賜諸臣飲諸臣叩首跪飲畢趨候於
乾清門外少頃復召至
乾清宮
上陞寶座
皇子諸王及文武諸臣分東西兩班序坐作樂進膳賜
食演劇宴畢王以下諸臣謝
恩趨出復
賜餻餅瓜果等物有差

五年九月九日
上御正大光明殿
賜諸王大臣宴及緞疋有差并以雍正四年重陽慶宴栢
梁體詩墨刻
賜諸王大臣及翰詹等官各一册
皇上乾隆四年正月
召集諸王大學士九卿翰詹科道等於
乾清宫賦栢梁體詩

賜賚有差

十一年八月

諭内閣康熙二十年七月我

聖祖仁皇帝駐蹕瀛臺特召大學士以下各部院衙門官員賜宴命内大臣傳諭慰勞賞賚有差至今稱為盛事朕臨御以來仰賴

上天眷祐海宇乂安今歲京師雨暘應候百穀蕃昌畿輔共獲有秋各省亦多收穫

天麻滋至我君臣應額手慶成今當秋風薦爽景物咸和念茲宗藩瓜瓞誼屬本支大小臣工宣猷効力宜循往典錫之宴享以昭君臣一體之意叶笙簧酒醴之歡著於瀛臺設宴本月二十七日宴王公及近支宗親二十八日宴大學士九卿京堂翰詹科道載考古昔君臣有賞花釣魚宴飲賦詩之事諸臣内或文學侍從或翰墨素嫻者著入宴賦詩以效賡颺喜起之風焉二十八日

賜大學士九卿京堂翰詹科道等宴於

瀛臺先是

御筆親定

涵元殿入宴者大學士以下凡四十有八人入宴崇

雅殿者又若干人屆期諸臣集

勤政門外祗竢日旣升

上御輦入

西苑門下輦升龍舟列鹵簿於沙隄鼓吹並作

上升隄乘小輦入

勤政門至

涵元殿諸臣隨入班齊樂作行禮如大朝儀禮畢諸

臣以次詣席一叩頭坐尚膳進茶諸臣皆跪

上御茶畢侍衛以茶分授諸臣皆跪飲尚膳進御饌承

應上陳栢梁臺賦詩故事侍衛以饌分授諸臣進

爵大臣捧觴上壽

御前諸臣皆跪

上賜進爵大臣酒畢
召大學士訥親張廷玉福敏史貽直尚書梁詩正來保
阿克敦汪由敦哈達哈納延泰侍郎傅恒至
御前賜酒又
召侍郎蔣溥舒赫德內閣學士沈德潛詣
階下謝
宴行禮如初是日也天和日晶景物融暢
上用唐李嶠甘露殿應制詩韻

御製月字霞字二首大學士以下分韻者凡三十有八
人復
命兩殿與宴諸臣倣柏梁體
御製首句諸臣以次賡韻詩成内侍傳
旨令諸臣各泛舟選勝於是黃頭並進錦纜齊牽至中
流復
宣大學士等選工詩者至流杯亭聯句於是大學士陳
世倌及侍講學士周長發檢討陳兆崙編修朱荃

程景伊朱佩蓮修撰金甡偕三十八人俱赴亭中

内侍傳

旨各以意坐無拘班列

上用十一真韻賦起二句又出一句諸臣各蟬聯對屬

每臣工五人聯畢

上仍續四句如是者數四

天章絡繹泉湧風飛諸臣皆愧汗不能屬謂自古帝王

未有如此之淹雅鴻麗天縱神速者也維時内侍

持鈿榼列餖飣清流激湍中菡萏承杯就所在而

分布馬㑺而不傳警蹕

玉趾親臨諸臣迎跪進詩

天顏睟穆

温諭再三

駕回復徧

宣輿宴諸臣赴水亭垂釣柔絲芳餌錦鬣爭飛既而復

赴

勤政門

賜御書文綺珍果鮮鱗諸臣拜賜而歸翌日上表謝

恩

賚予

已上優眷還擢侍宴中皆有賚予以恩出一時未便分列仍各附本條外若賜寶翰第宅銀幣圖籍筆硯服食等並詳於此

世

祖順治十三年二月以右庶子王熙精通

國書

賜御服貂裘一襲並表忠録一部是月復
賜王熙等八人滿文資政要覽人臣儆心録各一部
聖祖康熙十二年二月
諭學士傅達禮爾衙門所進繙譯大學衍義一書朕恭呈
太皇太后御覽奉
慈諭云人主居四海臣民之上所關甚鉅然代天理物端
在躬行致治興化必先修己此書法戒畢陳誠為切要
爾特加意是編命儒臣繙譯刊刻更令頒賜諸臣予心

欣悅特發内帑白金千兩可即賚予在事諸臣朕仰遵
慈旨頒賜爾等其欽承之
是年十月
賜講官紫貂白金文綺同時受賜者掌院學士熊賜履侍
讀學士楊正中杜臻陳廷敬侍講孫在豐編修葉
方藹史鶴齡張英八人
命學士喇沙里以翰林官所作詩賦詞章及各真行草書
進

呈

上召至懋勤殿親自披閲令書漢字呈覽以

御臨蘇軾楷書手卷一軸賜之

是年五月

賜講官陳廷敬張英葉方藹

御筆楷書清慎勤三大字草書格物二大字及趙孟頫所

書不自棄文石刻

是年六月

召侍講學士張英至
懋勤殿
上講中庸及太極西銘之學
命張英敷陳經書大義復
親灑宸翰書忠孝存誠大字二幅以賜又
賜詹事沈荃龍飛鳳舞忠恕等墨蹟
是年九月
上御懋勤殿

諭講官喇沙里陳廷敬張英爾等每日進講啟導朕心甚有裨益嗣後天氣漸寒特賜爾等貂皮各五十張表裏緞各二足

是年

賜張英高士奇居第各一所於西華門内互見職掌卷中

謹按詞臣儤直

禁城向無邸第是年以

特恩賞給同時如編修杜訥檢討朱彝尊等均得被賜焉

十七年閏三月

賜侍講學士張英涼帽鞾襪及羅紵表裏是時學士陳廷敬葉方藹侍讀王士禎同入内直

上頻賜櫻桃蘋果及櫻桃漿乳酪茶六安茶等物其茶以黄羅緘封上有六安州紅印四月復

賜天花

特頒手勅云朕召卿等編纂適五臺山貢天花鮮罄罕有可稱佳味特賜卿等使知名山風土也

又

賜講官陳廷敬葉方藹王士禛

御書人二幅士禛得存誠二字唐人張繼楓橋詩廷敬得龍飛鳳舞四大字唐詩一首曲江乗柳一條條云云方藹得存誠二字唐人崔國輔詩遺却珊瑚鞭云云别賜士禛石刻二幅一清愼勤三大字一格物二字

諭云去冬曾以石刻賜講筵諸臣時爾士禎未與故特頒
八月士禎同陳廷敬葉方藹張英入直和
御製詩輔國將軍俄啟詩仍令次日攜名字印章入內各
書一幅即發
養心殿裝潢隨
御筆同賜之
是月
賜學士張英新貢龍井天池珍茗二瓶高麗人蔘一函

十九年六月

上以御書卷軸賜學士庫勒納葉方藹詹事格爾古德沈荃侍讀學士牛鈕常書崔蔚林蔣宏道侍講學士張玉書嚴我斯侍講董訥王鴻緒各一

諭曰爾等為文學侍從之臣即有成就德業之責故因所請輒以頒賜其悉朕意

二十一年二月學士張英請假葬父

特頒手勑曰諭張英爾素性醇樸侍從有年朝夕講筵恪

恭盡職茲因爾父未葬具疏請假朕念人子至情忠孝
皆出一理准假南還特賜白金五百兩表裏二十疋既
旌爾之勤勞兼資墓田之用爾其欽悉惓惓至意

二十三年十月

諭江寧巡撫湯斌曰吳中搢紳汪琬原係翰林為人厚重
學問優通且居鄉安靜不預外事特賜御筆手卷一軸
爾遣人付與不必令其來見著即在家謝恩

三十二年

賜掌院學士韓菼
御書篤志經學四大字
三十四年三月
賜講官陳元龍
御書鳳池良彦四大字三十七年復
賜御書手卷一軸三十八年復
賜内製松花緑石硯一方
是年學士張廷瓚扈

駕南巡

賜御書玉堂二大字又

賜御書傳恭堂扁額

是年

駕至蘇州在籍檢討尤侗進頌及詩

御書鶴棲堂三大字以賜

謹按詞臣

恩賜寶翰皆在朝者為多先是惟汪琬以在籍蒙

頒御書嗣是如浙江在籍少詹事邵遠平亦得
賜蓬觀二字並稱殊典云
四十年四月
上御便殿作書
名內直翰林賜觀
諭云爾等家中各有堂名不妨自言當書以賜陳元龍跪
奏臣父年踰八十擬請愛日堂三字
上即揮毫賜之

謹按前此頒賜從臣堂額多隨其職任所在以寓奬勵兹復

命書其所欲書者以進尤見體羣臣之盛意同時諭德查

昇擬上澹遠二字亦得所請焉

四十一年

名大學士九卿翰詹等至

保和殿

頒賜御書有差

諭曰尋章摘句非帝王本務朕四十餘年惟日兢兢未嘗

晷刻稍釋萬幾政事之暇偶好書射歷年所積臨摹字

幅以賜卿等

是年

聖駕南巡在籍諸臣來朝

特賜侍講蕭惟豫編修田需各

御書一幅傳

旨以爾二人乃老翰林故有是賜

是年六月

御書道德仁藝四字賜翰林院德業仁義四字賜詹事府

四十二年春

聖駕南巡至吳又

賜在籍檢討尤侗字幅即於其家擢授侍講

是年四月

賜内直翰林

御書扇五月

上避暑口外講官被賜紗葛衣各一襲六月

駕幸釣臺
召隨駕講官賜饍釣魚又以玉饌紅蓮米飯柳根魚羹
賜之先後
賜食不可勝紀
四十三年三月庶吉士蔣廷錫以迎養其母請假歸里
上賜第苑西以待之
是月
賜内直翰林食榆錢糝五月復

賜高麗米粿

諭曰此米出高麗自

太宗朝歲貢百石為端午上供

四十四年正月

賜少詹事蔡升元

御書世恩堂匾額

是年

上巡幸塞外

諭翰林張廷玉勵廷儀蔣廷錫查慎行錢名世等曰昔
太祖皇帝謂此地宜立田牧今果蕃息若此因
賜各官馬一匹羊二頭
是年七月
賜講官查慎行
御書敬業堂扁額
五十五年三月
賜翰林諸臣松花緑石硯中使宣

旨查慎行吴廷楨廖賡謨宋至吴士玉五人向在

武英殿纂修著揀式樣佳者給與

五十六年正月

賜大學士及翰林官周易折中各一部

世宗雍正三年十月

賜翰林詹事官扁綾一百幅

六年九月

賜翰詹諸臣

世祖章皇帝御製人臣儆心録各一部
十三年四月
賜翰詹諸臣
聖祖仁皇帝御製全集各一部
皇上乾隆元年六月
諭内閣翰林余棟丁母憂著賞給内庫銀五百兩為喪
事之用
三年九月

諭內閣今日編修彭樹葵奏進經史講義引用魏徵十思疏內之語以為人臣之德在於慎思且衍十思之義為箴十首詞亦典雅尚近古人箴規之意與泛論經史者不同甚屬可嘉著賞內用緞二疋筆墨二種以示優奬

四年四月

賜翰詹諸臣

世宗憲皇帝御製文集各一部

是年五月明史告成
賜本館官及
武英殿翰林官人各一部
五年十月
賜翰詹諸臣
御製樂善堂文集日知薈說各一部
六年正月
賜翰詹諸臣

欽定四書文各一部

九年四月

賜翰詹諸臣

御製盛京賦各一部

十年正月

賜翰詹諸臣

御製圓明園四十景詩各一部

詞科

聖祖康熙十七年正月

諭吏部自古一代之興必有博學鴻儒振起文運闡發經

史潤色詞章以備顧問著作之選朕萬幾餘暇游心文

翰思得博學之士用資典學我朝定鼎以來崇儒重道

培養人材四海之廣豈無奇才碩彥學問淵通文藻瑰

麗可以追蹤前哲者凡有學行兼優文詞卓越之人不論

已仕未仕令在京三品以上及科道官員在外督撫布

按各舉所知朕將親試錄用其餘內外各官果有真知

灼見在内開送吏部在外開報督撫代為題薦務令虛
公延訪期得真才以副朕求賢右文之意於是大學士
李霨等疏薦原任按察司副使道曹溶等共七十
七人
上命俟各員赴部齊集之日請旨其在外現任者不必開
缺是年十一月大學士承
旨令户部酌議貼給俸廩并薪炭銀兩按月給領十八年
三月初一日

御試博學鴻儒一百四十三人於
體仁閣
賜宴時陪宴者吏部尚書二員掌院學士二員
欽命題璿璣玉衡賦省耕詩五言排律二十韻既納卷
命大學士李霨杜立德馮溥掌院學士葉方藹閱卷進呈
御定一等彭孫遹等二十人二等李來泰等三十人俱令
纂修明史其作何分别授職及未取人員內有年
老者作何量給職銜俱下部議尋議上

上命閣臣取前代制科舊例來閱閱畢

上乃降旨薦舉取中人員俱授為翰林院官應給職銜者

再議具奏其杜越傅山王芳穀等文學素著念其年邁從優加銜以示恩榮於是吏部復議已仕者俱照品級授講讀宮坊編修等未仕者概授檢討纂修明史杜越等俱授内閣中書聽其回籍從之其各員中選名第先後及擢授官階等差詳著題名卷中

世宗雍正十一年四月

諭內閣國家聲教覃敷人文蔚起加恩科目樂育羣才
彬彬乎盛矣朕惟博學宏詞之科所以待卓越淹通
之士俾之黼黻皇猷潤色鴻業膺著作之任備顧問
之選
聖祖仁皇帝康熙十七年
特詔內外大臣薦舉博學鴻儒召試授職一時名儒碩彥
多預其選得人號為極盛迄今數十年來館閣詞林儲
材雖廣而宏通博雅淹貫古今者未嘗廣為搜羅以示

鼓厲自古文教休明之日必有瑰奇大雅之才况蒙

聖祖仁皇帝六十餘年壽考作人之盛涵濡教澤薄海從

風朕延攬維殷闢門籲俊敦崇實學諭旨屢頒宜有品

行端醇文才優贍枕經葄史彈見洽聞足稱博學宏詞

之選者所當特修曠典嘉予旁求除現任翰詹官員無

庸再膺薦舉外其他已仕未仕之人在京著滿漢三品

以上各舉所知彙送内閣在外著督撫會同該學政悉

心體訪遴選考驗保題送部轉交内閣務期虛公詳慎搜採真

才朕將臨軒親試優加録用廣示興賢之典茂昭稽古之榮應行事宜著大學士九卿會議具奏十三年二月

以直省奏薦人員尚少復

勅内外大臣廣行遴選十三年十二月

皇上諭内閣國家久道化成人文蔚起

皇考樂育人材

特降諭旨令直省督撫及在朝大臣各保舉博學宏詞以

備制作之選乃直省奉

詔已及二年而所舉人數寥寥朕思天下之大人材之衆
豈無足膺是舉者一則各懷慎重觀望之心一則鑒
衡之明視乎在己之學問或己實空疎難以物色流
品此所以遲回而不能決也然際此盛典安可以稽
朕用再為申諭凡在内大臣及各省督撫務宜悉心
延訪速行保薦定於一年之内齊集京師候旨廷試
儻直省中實無可舉亦即具本題覆乾隆元年二月
諭内閣内外臣工所舉博學宏詞聞已有一百餘人祇

因到京未齊不便即行考試其赴考先至者未免旅
食艱難著從三月為始每人月給銀四兩資其膏火
在戸部按名給發考試後停止若有現任在京食俸
者即不必支給並行文外省令未到之人俱於九月
以前到京若該省無續舉之人亦即報部知之免致
久待尋大學士等奏保舉博學宏詞一百七十六人
應照康熙十八年例行至期赴太和殿前考試
上諭天氣漸寒著於保和殿内考試九月二十六二十

八二日

御試保和殿

賜宴

欽命第一塲題五六天地之中合賦以敬授民時聖人所先為韻賦得山雞舞鏡詩七言排律十二韻得山字黃鍾為萬事根本論

欽命第二塲題

制曰儒者之學莫尚於窮經經籍浩繁毋煩臚舉今試

撮其大綱凡通儒所宜共曉者為多士詢焉經之名昉於何時五經六經七經九經十一經十三經之名分於何代秦燄雖烈而不能掩其光者藏於何人所藏何書其後出於何地獻於何朝頒於何世各經授受源流何所依據章句註疏傳解箋詁之屬有何異同其施諸學宮用以取士者何所因革又如古有三易夏何以稱連山殷何以稱歸藏周何以稱周易且連山不始於夏歸藏不始於殷周易不始於周其說

可得聞歟傳周易者有四家其興廢可得考歟書何以有古文今文之别詩何以有齊魯韓毛之殊春秋左氏公穀而外又何以有鄒氏夾氏鐸氏虞氏之類諸家分門别派其説可悉數歟禮始於高堂生顯於后蒼其轉相傳述者誰歟二戴何删馬氏何補冬官何闕儀禮何逸羣儒議論紛紜其説可詳陳歟論語何以有魯論齊論大學孝經何以有古本今本爾雅或曰周公作或曰子夏作其説何居孟子何以或删

或疑或翼或尊何其識之相遠歟惟中庸無異說而學庸二篇原皆載於戴記其别為詮說而列於四書者自何而始歟凡此經傳源委其能條分縷析闡其微言抉其奥義而銖黍之不爽歟漢唐以經學取士或専通或兼通或帖十通五皆得與選舉之格多士果能博學該通條對精詳斷制明决者固膺上第即或就所已知各抒所見而言有條理詞歸雅馴亦足以備採擇其悉言無隱朕將親覽焉

制曰儒者學術之要先經次史凡具淵通之學必擅著作之材然非熟於掌故周知上下數千載之事理而剖决其是非者不足以語此則史學尚矣今之稱正史者皆曰廿一史豈廿一史之外別無正史歟又豈正史之外別無他史歟考之漢唐宋藝文志及隋經籍志所載諸史其名類甚多而稱史學者惟以班馬諸人為宗何歟史記漢書成於遷固不自遷固始也開之者誰補之者誰註解之者又誰也范史一書與

馬班並稱三史而袁宏荀悅之作獨不可媲美歟陳
壽之志帝魏退蜀正統已紊孰稱其是孰正其非可
與三史並傳歟即三史之書又果無遺憾歟晉書創
於何人共有幾家唐太宗命房喬等再加撰次其稱
房喬者何人也其稱房喬等者又共幾人也觀其文
多駢麗史體固應然歟南北史皆成於李延壽而考
之南朝北朝各有專史乃延壽復為合之合者可取
則專者宜删專者既行則合者可廢而八書二史皆

得並行辭多重複後之作者獨不可彙而修之歟六朝之後隋書頗善其所撰諸志綜覈尤工近世儒者專稱五代史而不及隋書又何說也唐書新舊二編各有短長自新書出而舊書流布無多不得並載十七史中其故何歟梁唐晉漢周皆有史薛居正嘗修之歐陽氏之本誠善矣而薛氏之本猶可得見歟宋遼金三史已不及前代而元史成於倉猝舛謬尤多乃後儒罕能删定以成佳史豈古今人果不相及歟

且史之體有二曰編年曰紀傳紀傳之善自司馬遷史記始而編年之善則自司馬光通鑑始通鑑本春秋之法至朱子則綱倣春秋目倣左氏而前編續編之作亦皆得其遺意此外體例甚繁沿革互異作史者奚啻數百家多士有能悉數其姓氏詳其名目以證其是非者歟將備舉作者之優劣以考正諸史之得失則一代著作之任殊有厚望焉毋勦說毋雷同毋苟且以干名毋徇人以自誤有志進取者尚慎旃

哉其各矢乃心獨抒所見以毋負朕延訪之至意越

日

命大學士鄂爾泰張廷玉吏部侍郎邵基閱卷擬取一

等五人二等十人

上親加裁定令分別授職於是大學士等察例以聞一

等劉綸等五人均授翰林院編修二等楊度汪等

十人內由科甲出身者授翰林院檢討餘授翰林

院庶吉士十月初五日引

見養心殿
賜御製日知薈說人各一部二年七月十一十三二日
御試被薦續到博學宏詞於體仁閣
賜宴
欽命第一場題
制曰士不通經不適於用治經之學於民生本務先王
體國經野之宜尤所當考詳而切究者周禮九職首
列三農所謂三農者以地别耶以人别耶其各見於

注疏者同異若何禹貢之三壤周禮之再易爾雅亦
曰三田又何所稱指也上農夫食九人下至五人又
何差别之殊也夫通勞逸而人力可均畫井疆而地
利先辨井田五義見於何書條目若何五地九土九
地九田九等十二土分見於何書其條目若何多士
剖析言之無泛無隱朕將親覽焉

制曰稽古碩儒名臣嘉猷讜論彪炳方策略舉數端聊
用洽詢夫六籍之微言無論已三本六務三具四齊

其說維何賢良三策鼂董不同者焉在言世務書嚴徐所見者孰優仲長統之稱政論申鑒之詳政體其言可采者皆得而敷陳歟嗣是而後莫切於十思之疏五規之論至以十事陳說唐宋諸臣不一而足何人何事孰為得失可得而論述臚列歟伊川言先務紫陽言大本純儒之學異於管荀諸人者又何在也多士數其辭陳其義能條對者朕嘉與之

欽命第二場題指佞草賦以生於堯堦有佞必指為韻

賦得良玉比君子詩七言排律十二韻得來字復

見天心論

命大學士張廷玉尚書孫嘉淦閱卷

御定一等萬松齡一人授檢討二等朱荃等三人各授

檢討庶吉士如元年例並詳題名卷中

謹桉唐書選舉志云天子自詔者曰制舉凡選未

滿而試文三篇謂之宏詞中者即授官又桉宋史

云紹聖初置宏詞科歲許進士及第者請試如見

守官則受代乃請試章表露布檄書用駢儷體頌箴銘誡諭序記用古體或駢儷凡試二日四題取毋過五人大觀四年改置詞學兼茂科取毋過三人政和增為五人不試檄書增制誥以歷代史事借擬為之中格則授館職紹興三年改博學宏詞科凡十二題制誥詔表露布檄箴銘記贊頌序内雜出六題分三場每場一古一今核其尤者定為三等上一等轉一官選人改秩無出身人賜進士

及第除館職中等減三年磨勘與堂除無出身人
賜進士出身下等減二年磨勘無出身人賜同進
士出身並許召試館職嘉熙三年臣僚請從舊三
歲一試惟取合格不必拘額去宏博二字止稱詞
學科我
朝作人之化曠古為昭陶淑百年再逢盛事備書典
制用志
恩榮

考試

世祖順治十年二月

御試教習

國書翰林官於

内院擢通曉文義者三人胡兆龍以侍講陞侍讀學士李霨以編修陞中允莊冏生以檢討陞贊善餘責令勉學者十二人調六部用者五人

是年三月

諭内院朕稽往制每科考選庶吉士入館讀書歴陞編檢講讀及學士等官不與外任所以諳求典故撰擬文章充是選者清華寵異過於常員然必品行端方文章卓越方為稱職乃者翰林官不下百員其中通經學古與未嘗學問者朕何由知今將親加考試先閱其文繼觀其品再考其存心持己之實據務求真學備朕異日顧問自吏禮兩部翰林侍郎及三院學士詹事府詹事以下各候朕旨親試分別高下以昭朕慎重詞臣之意四月

上御太和門試兼翰林銜吏禮兩部侍郎及内三院學士
編檢以上官六十二員君子懷德論一篇請立常
平倉疏一通越日
駕幸内院將試過各官
御筆親定去留令留原衙門者照舊供職少詹事王崇簡
以下二十一人俱從優外轉
諭吏部曰國家官人内外互用在内者習知紀綱法度則
内可外在外者諳練土俗民情則外亦可内内外剔歷

方見真才。朕親試詞臣量為分別有照舊留任者有改
授外任者其外任編檢以上官照詞臣外轉舊例優與
司道等缺年衰病弱者聽其請告朕仍優遣之
十三年二月
御試教習
國書翰林官陳敱永等十人均加賞賚外奪俸三月
者四人閏五月再試
上以王熙等六人學問皆優有

旨獎勵餘住俸再留教習及鐫級外用各有差

聖祖康熙十八年五月

御試詞臣侍講牛鈕以名在第一即日除侍講學士

謹按牛鈕以庚戌成進士選庶吉士壬子散館授

檢討未到任即除侍講先後皆殊擢也

二十四年正月

御試翰詹諸臣於

保和殿經史賦一篇

懋勤殿早春應制五言排律詩一首越二日
上親擢徐乾學等十一人再試於
乾清宮班馬異同辨一則
乾清宮讀書記一通扈從
祈穀壇七言律詩一首時修撰蔡升元納卷後
召對移時抵暮
命侍衛執燈伴送于閤門二月
上以試過翰詹諸臣徐乾學韓菼孫岳頒歸允肅喬萊學

問優長文章古雅均加賞賚彭孫遹等照舊供職

周之麟等分别調用各有差

三十三年閏五月

御試詞臣於西苑

欽命豐澤園賦理學有真偽論時贊善陸棻以名在第一

即除内閣學士餘各賞賚有差

是年六月

御試詞臣於

暢春苑

欽命萬壽無疆賦擬

御製以題中五字為韻

擢詹事徐秉義第一

賜宴並

賜御筆擢秀清流四大字少詹事以下皆有賜惟不合格

者二十人不與

五十四年

御試詞臣於
乾清宫明四目達四聰論為有源頭活水來詩儲在
文以名在第一
特命入直
南書房又
命直
武英殿者八人致仕者二十四人
皇上乾隆二年五月

諭內閣翰林乃文學侍從之臣所以備制誥文章之選朕看近日翰詹等官其中詞采可觀者固不乏人而淺陋荒疎者恐亦不少非朕親加考試無以鼓勵其讀書嚮學之心自少詹講讀學士以下編修檢討以上滿漢各員著於本月初七日齊赴乾清宮候朕出題親試倘有稱病託詞者著另行具奏朕必加以處分考試之日著乾清門侍衛察看是月初七日

御試翰詹諸臣於

乾清宮先令掌院大學士等引

見於

養心殿奏名畢以次出就坐

欽命題爲君難爲臣不易論藏珠於淵賦以藏珠於淵

南華妙藴爲韻賦得薰風自南來詩七言排律十

二韻得來字既納卷

上親定其甲乙而加進退焉一等三人二等十人三等

二十人四等五十六人名在一等之陳大受以編

修陞侍讀趙大鯨以贊善陞洗馬張映辰以編修
陞侍讀名在二等之敷文介福俱以檢討陞侍讀
張若靄以編修陞侍讀吳應枚以侍讀陞侍讀學
士世臣以侍讀陞侍讀學士名在三等之鄂容安
以編修陞侍讀鄒升恒以侍講陞侍講學士餘降
調者七人休致者十三人十一日
賜優等翰詹諸臣
御製喜雪詩墨刻及宮紗文葛端溪松花石硯筆墨等

物先是博學宏詞授職編檢劉綸等九人引
見時以
御試未久
特免與試至是並蒙
宣召一體
頒賜
八年四月
諭内閣古者創册府於西崑闢芸臺於東壁是以木天

儲彦石渠掄才由來尚矣乾隆二年朕曾親試翰詹諸臣因文以考其行所取者如陳大受等頗不媿此選也越今數載頗聞翰詹諸臣率從事於詩酒博奕而四庫五車鮮有能究心者將何以華館閣而垂來葉哉其依往例自少詹講讀學士以下編修檢討以上各員著於本月三十日赴圓明園候朕出題親試其托詞不至者列名具奏大學士等即承旨行是月三十日

御試翰詹諸臣於
圓明園正大光明殿
欽命題禮以養人為本論藏珠於淵賦折檻旌直臣詩
五言排律八韻限三肴試畢
上親定一等三人二等九人三等十七人四等七十一
人名在一等之王會汾以編修陞侍讀學士李清
植以庶子陞少詹事裘曰修以編修陞侍讀學士
名在二等之觀保以編修陞侍講萬承蒼以編修

陞侍講學士于振以中允陞左庶子沈德潛以編修陞左中允秦蕙田以編修陞侍講張若靄周長發陳兆崙周玉章於應陞處具名題奏餘降調者十九人罰俸一年者三十二人休致者二十人並

賜優等翰詹諸臣宮紗文葛畫箑香囊筆墨等物閏四

月

諭內閣昨考試翰林時由部屬等官用入翰林詹事衙門者皆不與朕思伊等已陞用翰詹讀書作文乃其

職分事既不似侍衛之足供差遣又不似部曹之日
辦簿書若徒虛糜俸禄豈不貽素餐之譏且伊等雖
不由庶吉士陞轉實俱科甲出身縱使不能詩賦如
作論繙譯亦豈得諉曰不能著傳於初七日齊集圓
明園候朕出題考試嗣後考試翰林時即將此等由
别衙門改授者一並傳齊另題考試永著為例初七
日
御試

欽命知人則哲論賦得數問夜如何詩五言排律六韻

得中字繙譯題

制曰天之立君以為民也君之設官分職亦以為民也人君必體上天生物之心人臣必體天子愛民之心蓋仁者善之長愛養百姓為居官之第一義所謂樂只君子民之父母者視之如子民之疾苦如己之痛癢相關當思損上益下則為益損下益上則為損以至誠惻怛之心行惠澤寬大之政民有衣食為課農

桑民有室家為謀幹止無事則未雨綢繆不足則多方補救人君有德意必實力奉行使膏澤及於民而無壅隔之患乃可以為民之父母若但以簿書錢穀為能以刑名督責為治不知愛養百姓則與為民設官之意相背馳而人君亦無以收承流宣化之益豈不謬歟越日

御定試過別衙門改用翰詹諸臣一等二人二等四人三等四等各五人名在一等之侍讀學士石介令

於應陞處具名題奏赫瞻以侍讀陞侍讀學士名
在二等之世貴以侍讀陞庶子文保以庶子陞侍
讀學士餘降調者五人初十日覆試翰林休致各
員
欽命題長勺之戰論螢光照字賦以尺璧非寶寸陰是
競為韻賦得渭北春天樹五言排律詩八韻蒙
恩仍留原任者六人止令各罰俸一年
議叙

翰林充書局纂修書成例邀議敘預修
實録尤為優渥總裁等有加宮傅銜
賜鞍馬者纂修以下或加級食俸或議予應陞或加級
紀録並宴賚有差其各館初開均月給廩餼書成
議敘較核在館月日淺深以為差等
贈卹
世祖順治中修撰孫承恩卒
上深悼惜之

賜白金三百兩令其歸葬
聖祖康熙十五年十一月以故翰林院編修史鶴齡久侍
講幄素著勤勞
特賜祭一次
十七年十二月掌院學士陳廷敬丁母憂
上諭大學士等滿大臣有喪特遣大臣往賜茶酒滿漢大
臣俱係一體著大學士明珠掌院學士喇沙里等擕茶
酒往賜尋部議以廷敬母用詹事封例無卹典

上念廷敬侍從舊勞用學士品級
賜卹
十八年十一月
上聞掌院學士喇沙里卒遣一等侍衛對秦等齎銀三百
兩往賜喇沙里之子三等侍衛俄爾濟圖為治喪
之用仍傳
諭慰問其贈卹典禮俟禮部題給尋議上
特贈禮部尚書

賜謚文敏
謹按定制惟官至尚書大學士乃得予謚自是年
學士喇沙里以講筵舊勞首得䘏典後如掌院學
士葉方藹
賜謚文敏詹事沈荃
賜謚文恪皆非常例也而沈荃之卒得
旨賜金五百兩以治其喪葬尤為優渥後編修何焯在籍
卒有司以聞

特贈侍講學士皆異數也

二十一年九月

上以翰林學士張英講筵供奉敬慎勤勞方告假回籍營葬其父張秉彝

特命照張英現在學士品級

賜卹致祭

詞林典故卷四

總校官候補知府臣葉佩蓀

校對官編修　臣莊通敏

謄録監生　臣趙渭濵

清·鄂爾泰　張廷玉撰

詞林典故

（二）

中國書店

詳校官編修臣朱鈴

欽定四庫全書

詞林典故卷五

藝文

夫采崑田者非片壁之珍搜鄧林者詎一枝之秀在昔儒流遭逢明盛供奉清班著作專家汗牛充棟故從來記翰林者不載藝文非不載也不勝載也若乃歷朝賜什其文永勒於詞垣或臣下颺言其事已詳於恩遇則以言徵訓典寧惟麗騁縑緗

刋

天家崇獎藝林代有咏歌流傳

祕府今

聖天子文思臨御幾餘揮藻萬品包涵惟玉堂賡載

之隆尤曠代希逢之遇首編所録既已鐫諸琬

琰曜並日星傳之奕禩照映琳瑯矣兹卷復恭

繕

奎文垂示無極即諸臣矢音簡末尤必擇其足資典故

者次而錄之而凡所稱館閣倡酬之作概從略焉亦以志其慎也夫

唐

唐玄宗集賢書院成送張說上集賢學士賜宴得珍字

廣學開書院（一作殿）崇儒引席珍集賢招（一作昭）衮職論道命台臣禮樂沿今古文章革舊新獻酬尊俎列賓主位班陳節變雲初夏時移氣尚春所希光

史册千載仰兹晨

唐集賢殿書院奉勑送學士張說上賜宴序

唐臣張九齡作

集賢殿者本集仙殿也上惟睿作聖而猶垂意好學用相必本於經術圖王亦始於師臣及乎鴻生碩儒博聞多識之士自開元肇建以迄於今大用徵集煥乎廣内而聽政餘暇式燕在兹忠臣嘉賓得盡心之所聰明文思有光被之德故下以道親

上亦懽甚即於御座爰發德音以為候彼神人事雖前載傳於方士言固不經遂改為集賢去華務實且有後命增其學秩是以集賢之庭更為論思之室矣中書令燕國公外弼庶績以奉沃心之謀内講六經以成潤色之業故得出入華殿師長翰林惟帝用臧固天所賴拜命之日荷寵有加降聖酒之罍頒御厨之膳食以樂侑人斯德飽時則有侍中安陽公等承恩送焉學士右散騎常侍東海

公等攝職在焉或稷高大賢淵雲諸彦文王多士周室以寧武帝得人漢家為盛而高視前古獨不在於今乎咸可賦詩以光鴻烈

唐玄宗春晚一作曉宴兩相及禮官麗正殿學士探得風字

乾道運無窮恒將人代工陰陽調歴象禮樂報玄穹介胄清荒外衣冠佐域中言談延國輔詞賦引文雄野霽伊川緑郊明鞏樹紅冕旒多暇景詩酒

會春風

唐臣張說作

東壁圖書府西園翰墨林誦詩聞國政講易見天

心位竊和羹重恩叨醉酒深載歌春興曲情竭為

知音

唐玄宗賜學士張說等讚

德重和鼎功踰濟川詞林秀逸翰苑光鮮張說校文

天祿論經上庠華詞宛麗雄辯抑揚徐堅禮樂之司

文章之苑學優藝博才思高遠賀知章白簡端嚴青史良直清詞雅韻博覽强識趙冬曦才識清遠言談幽祕四科文學六書仁義康子元洪鐘佇叩明鏡不疲窮理繫象動中威儀侯行果職叅山甫業纂元成六藝述作四始飛英韋述名乃會真迹惟契道樞衣講席臨筵振藻敬會真才比卯明學兼儒墨敘述微婉講論道德趙元默才光於晉價重於張州縣斯屈文翰尤長陸去泰文章兩瞻才術兼美思在專經學

通舊史余欽蓬山之秀芸閣之英雄詞卓傑雅思縱

横孫季良

宋

宋真宗批翰林學士楊億謝表後詩

承明近侍究儒先苦學勞心疾已痊善保興居調

飲食副予前席待名賢

宋真宗賜楊億詩

瑣闥往年司制誥共嘉藻思類相如蓬山今日詮

墳史還仰多聞過仲舒報政列城歸覲後疏榮高
閣拜恩初諸生濟濟彌瞻望鉛槧諮詢辨魯魚

宋仁宗賞花釣魚詩

晴旭輝輝苑籞開氤氳花氣好風來遊絲冒絮縈
行仗墮蕊飄香入酒盃魚躍文波時撥剌鶯留深
樹久徘徊青春朝野方無事故許遊觀近侍陪

宋高宗幸祕書省賜手詔

詔曰蓋聞周建外史掌三皇五帝之書漢選諸儒

定九流七略之奏文德之盛後世推焉仰惟祖宗
肇開冊府凡累朝名世之士由是以興而一代致
治之原蓋出於此朕嘉與學士大夫共宏斯道廼
一新史觀親御牓題肆從望幸之誠以示右文之
意於戲士習於空言而不為有用之學久矣爾其
勉修術業用丕承我祖宗之立訓顧不善歟

宋孝宗幸祕書省詩

玉軸牙籤煥寶章簪紳列侍暎秋光宴開芸閣儒

風盛坐對蓬山逸興長稽古右文懋菲德禮賢下士法前王欲臻至治觀熙洽更罄嘉謀為贊襄

宋孝宗賜侍讀史浩宴命浩作詩叙此會浩進古詩三十韻復賜和章即同其韻

揖遜倚帝堯寅恭五元禩治道貴清淨聖言有深旨誰歌元首明自得股肱喜躋民期仁壽詎肯中道止力農樂彼田坐賈安於市歲行閱豐登國論銷委靡予力初何能濟濟賴多士矧予有元老中

立而不倚居東逾三年不遠來千里未遂赤松遊
輟誦青瑯藥皓首持六經日侍明光裏翼乎鴻遇
風縱矣魚在水儒行絶瑕疵道心無塵滓挺挺松
柏姿巉巉山岳峙予惟日萬幾至仁同一視西成
錫小宴促坐才尺咫湛露愧歌周置酒非封齒歸
美見新詩如卿能有幾眷言澄碧行勝賞行迂趾
亦屢引公卿對此談正理虛心欲受人忠言資逆
耳朕瘠天下肥至樂無易此頗念文武疆六合尚

殊軌東都會諸侯宣王昔於是期爾馨嘉謀使吾勳業起勿以方燕貽所書聊復爾卮酒正須釂話言未能已都護萬年觴何當至庭戺文章藉老手直筆中興紀載嘉矍鑠翁焉得辭骫骳

宋臣史浩作

季秋中澣日淳熙隆四祼朝回攬鑾閒中使俄傳旨少頃日轉申宣召陪燕喜預令埽玉堂深夜備棲止悚懼跪承命鳴騶亟穿市絳闕聳皇居非煙

常靡靡入自東華門熊羆森爪士詔許乘肩輿安
徐無跛倚復古距選德相望幾數里脩廊接雲漢
岧嶤璨珠蕊中途敞金扉恍若蓬壺裏羣山擁蒼
壁四顧環弱水山既日夕佳水亦湛無滓冰簾睒
綺疏瓊殿中央峙澄碧耀宸奎龍神爭守視蹈舞
上丹墀天威不違咫奉觴祈萬壽時蒙一啟齒餘
波丐鼠腹酒行不知幾徘徊下瑤席緩步煩玉趾
從遊至清漪錫坐談名理泉聲韻琴瑟一洗箏笛

耳皇云萬幾暇觀書每來此論道及帝王直欲齊
其軌堯舜禹湯文前身無乃是臣言匪獻謏道實
由心起既然明是心要在力行爾登橋醻餘罍飲
興未容已金蓮引雙燭再拜離階戺玉音寵諭臣
此會宜有紀歸途感恩榮占寫忘欷歔

明

明太祖賜宋濂醉學士楚辭

西風颯颯兮金張特會儒臣兮舉觴目蒼柳兮嫋

嫋閱澄江兮水洋洋爲斯悅而再酌弄清波兮永光玉海盈而馨透泛瓊斝兮銀漿宋生微飲兮蚤醉忽周旋兮步趨蹌蹌美秋景兮共樂但有益於彼兮何傷

明仁宗賜贊善徐好古詩

清朝盛文治輔徳資儒耆念彼筋力倦趨朝諒非宜賦詩有佳致納誨多良規起予得深趣歡懷浩無涯新陽屆初復況此承平時酬勞見樽酒庶以

答期頤

明宣宗賜翰林院箴

廷有司言自周則然後世襲用愈密而專策命所書講學所資幾務之嚴于度于咨代有賢哲博聞明識克勵翼之用光厥職咨爾儒臣朝夕左右必端乃志必慎乃守啟沃之言惟義與仁堯舜之道鄒孟以陳詞尚典實浮薄是戒謀義所屬出эт乎外必存大公罔役於私昔人四禁汝惟勵之獻納

論私以匡以益以匹前休欽哉無斁

明世宗翰林院敬一亭箴有序

夫敬者存其心而不敢忽之謂也元后敬則能不失天下諸侯敬則能不失其國卿大夫敬則能不失其家士庶人敬則能不失其身禹曰后克艱厥后臣克艱厥臣五子之歌有云予臨兆民如朽索之馭六馬為人上者奈何不敬其推廣敬之一言可謂明矣一者純

乎理而無所雜之謂也伊尹曰德惟一動罔不吉德二三動罔不凶其推廣一之一言可謂明矣蓋位為元后受天付託承天明命作萬方之君一言一動一政一令實理亂安危之所繫若此心忽而不敬則此德豈能純而不雜哉故必兢懷畏慎於郊禋之時儼神明之鑒享發政臨民端莊戒謹惟恐拂於人情至於獨處之時思我之咎何如改之不吝思

我之德何如勉而不懈凡諸事至物来究夫至理
惟敬是持惟一是協所以盡為天之子之職庶不
忝厥祖厥親由是九族親之黎民懷之仁澤覃及
於四海矣朕以沖人纘承丕緒自諒德惟寡昧勉
而行之欲盡持敬之功以馴致乎一德其先務又
在虛心寡慾驅除邪逸信任耆德為之匡輔敷求
善人布列庶位斯可行純王之道以坐致太平雍
熙之至治也朕因讀書而有得焉乃述此以自

勗云

人有此心萬理咸具體而行之惟德是據敬焉一焉所當先務匪一弗純匪敬弗聚元后奉天長此萬夫發政施仁期保鴻圖敬怠純駮應驗頓殊徵諸天人如鼓答桴朕荷天眷為民之主德或不類以為大懼惟敬惟一執之甚固畏天勤民不遑寧處曰敬維何怠荒必除郊則恭誠廟嚴孝趨肅於明廷慎於閒居省躬察咎儆戒無虞曰一維何純

予天理弗參以三勿貳以二行顧其言終如其始
靜虛無欲日新不已聖賢法言備見諸經我其究
之擇善必精左右輔弼責予忠貞我其任之鑒别
必明斯之謂一斯之謂敬君德既修萬邦則正天
親民懷永延厥慶光前垂後綿衍蕃盛洛爾諸侯
卿與大夫以至士庶一遵斯謨主敬協一罔敢或
渝以保禄位以完其軀古有盤銘目接心警湯敬
日躋一德受命朕為斯箴拳拳希聖庶幾湯孫底

於嘉靖

明岳正禁窻引燭詩

明臣岳正作

禁城儤直已昏黃忽訝鑾輿到玉堂直欲踉蹌趨

几席其如顛倒著衣裳當窻蓮炬分紅燄滿室蘭

煤散暖香已喜恩光耀今古況將經術侍君王

皇朝

聖祖康熙十七年

御製夏日登景山同翰林張英高士奇作

日暮登山覽八荒翰林隨輦進辭章君臣同樂松陰下

時雨將來入未央

侍讀學士臣張英恭跋

康熙十七年五月十一日

皇上以幾務之暇偶幸景山命臣英臣士奇侍從

上攬轡登景山之巔周覽四郊俯視宮闕東望薊門西眺

桑乾煙樹蒼深河流浩瀁近在指顧之間

天顔怡暢二臣咸得寓目焉時則禾稼被野方待優渥之

澤俄而雲起西麓雨過龍樓

聖心顧而悦之

御製詩一章有時雨將來之句詩中之所謂

君臣同樂者蓋有樂乎此也臣自蒙

恩入侍

禁廷

天章雲漢時得而捧讀之大約篇什之中必以四海八荒

為念蒼生赤子為心上述
祖德躬展孝思憫農事之艱難勞征人之況瘁揆諸古昔
虞帝喜起之歌武王户牖之銘其曷加焉故雖一
豫一遊一篇一詠而心不忘乎百姓如此則凡觸
乎
聖衷而發為
睿藻者皆於此可類觀矣豈獨光麗日星聲諧金石足以
超往牒而軼前軌哉七月十八日

上御迎涼之殿揮灑
宸翰書此詩以賜二臣楷法精嚴龍翔鳳峙此希世之鴻
寶二臣何敢私焉敬勒之貞石以明
聖心之所在獨重民時亦以幸二臣之榮遇千古不多見
而愧汗惶悚之不能已也

聖祖康熙二十一年上元節
賜宴柏梁體詩
御製詩序曰朕於宣政聽覽之餘講貫經義歷觀史册於

書見元首股肱賡颺喜起之盛於詩見鹿鳴天保諸篇未嘗不慕古之君臣一德一心相悅若斯之隆也今際海内宴安兵革偃息首春令序九陌燈煇豐穰有徵吾民咸樂思與諸臣及耆式燕爰於乾清宮廣集簪裾肆筵授几斯時也蟾光鰲炬焜燿堂廉綵樹瓊葩雜羅樽俎許笑言之弗禁寬儀法之不糾復令次登文陛渥以金罍咸俾有三爵油油之色焉易曰上下交而志同傳曰享以訓恭儉宴以示慈惠則今日之兕觥旨酒豈徒

以飲食宴樂云爾哉顧瞻諸臣或位居諧弼或職任卿尹或典文翰或司獻納共成篇什以紹雅頌之音朕發端首倡傚栢梁體班聯遞賡用昭昇平盛事冀埀不朽云

御製

麗日和風被萬方

卿雲爛漫彌紫閣　內閣大學士臣覺羅勒德洪

一堂喜起歌明良　內閣大學士臣明珠

止戈化洽民物昌　內閣大學士臣李霨

樊蕭燕譽

聖恩長內閣大學士臣馮溥天心昭格時雨暘吏部尚書臣黃機豐亨有占

祝千箱戶部尚書臣梁清標禮樂文章仰

聖皇禮部尚書臣吳正治

廟謨指授靖八荒兵部尚書臣宋德宜春回

丹詔罷桁楊刑部尚書臣魏象樞河清海晏禹績彰工部尚書臣朱之弼百度

胥飭綱紀張都察院左都御史臣徐元文千官濟濟盈巖廊吏部

左侍郎臣張士甄天工無曠勤贊襄吏部右侍郎臣楊永寧有年歌

協臣所望戶部左侍郎臣李天馥共期紅朽荅殊常戶部右侍郎臣

李仙根

轉漕億萬充天倉 戶部倉場侍郎臣馬汝驥

邦禮叨贊慚趨蹌 禮部左侍郎臣楊正中

職司寅清佐垂裳 禮部右侍郎臣富鴻基

天河洗甲通蠻鄉 兵部左侍郎臣焦毓瑞

皇威四暢咸來王 兵部右侍郎臣陳一炳

祗承欽恤和氣翔 刑部左侍郎臣杜臻

刑措不用民壽康 刑部右侍郎臣葉方藹

八材庀化師殳斨 工部左侍郎臣趙璟

左平右碱開明堂 工部右侍郎臣金鼐

仰窺神策驅天狼 内閣學士臣李光地

膏以大澤人胥慶 内閣學士臣張玉書

帝庸作歌追虞唐 翰林院掌院學士臣陳廷敬

身依雲漢賡

天章
翰林院學士臣張英恪秉訓厲敦羔羊左副都御史臣宋文運奉宣仁風
之吳疆原任副都御史今授江寧巡撫臣余國柱九閽詄蕩聽龍光通政
使司通政使臣王盛唐斗杓高掩貫索芒大理寺卿臣張雲翼圖列養
正親羹牆詹事府詹事臣沈荃黃鐘大鏞諧禎祥太常寺卿臣鶴澄
郊衢擊壤歡豐穰順天府尹臣熊一瀟大官珍膳羅酒漿光祿
寺卿臣馬世濟調閑六御騰康莊太僕寺卿臣張可荷忝預風紀凜
清霜僉都御史臣張吉午出入玉珮聲鏘鏘左通政臣崔官納言惟
允尚職詳右通政臣吳琠褒忠厲節感

賜觴右通政臣陳汝器圜扉闃寂春草芳大理寺少卿臣榮國祚拜手好生
頌禹湯少卿臣徐旭齡前星令望欽顒卬少詹事臣王澤宏終始
念典期用臧少詹事臣崔蔚林言謨行範煇縹緗侍讀學士臣蔣
宏道猗歟
至德日就將侍讀學士臣胡簡敬叨塵侍從恩莫量侍讀學士臣朱之佐靖共
夙夜無怠遑侍講學士臣嚴我斯梧桐生兮于高岡侍講學士臣孫
在豐紬書東觀翰墨香侍講學士臣盧琦三行六行為士坊
國子監祭酒臣王士禎宮官備位滋悚惶右春坊右庶子臣祖文謨六經

義叶如笙簧侍讀臣朱典奎文煥若森琳琅侍讀臣王封溁朝

朝橐筆侍

御牀侍講臣董訥紀載

聖治金匱藏侍講臣王鴻緒頻年宣室虛對揚侍講臣高士奇

神篇掞藻燭昊蒼侍講臣郭棻永華毓德成圭璋左諭德臣陳論青宮

琪樹栖鸞鳳右諭德臣朱世熙金輿眞從驂雲驤司經局洗馬臣

田喜篲罘罳流影耀壁璫左參議臣趙士麟仁波濵渤同瀸

汪左參議臣趙之鼎鸞旗乘春零露瀼右參議臣張鵬爰賡天保

矢勿忘右參議臣鄭重八表同軌來梯航大理寺寺正臣徐誥武雲
門磬管聲喤喤左中允臣吳珂鳴泰交天闢開春陽左中允臣
李錄予惟睿作聖金玉相右中允臣鄭開極珥筆何幸日月
旁左贊善臣徐乾學瑞逾寶鼎兼芝房左贊善臣鄭之諶堯尊夜
醉星低昂右贊善臣沈上墉在廷悅豫和宮商右贊善臣王尹方
濫典樂正董上庠司業臣劉方誥治登三五休聲颺修撰臣歸
允肅睿謨典誥同洋洋編修臣王頊齡記神聖功臣職當編修
臣曹禾琅函瑤版書焜煌檢討臣潘耒石渠高議芟粃糠

檢討臣嚴繩孫日侍春禁研鉛黃編修臣杜訥顧言直節謹自防吏科掌印給事中臣王承祖帝心勤民重農桑戶科掌印給事中臣王日温具舉細目恢宏綱禮科掌印給事中臣李迥誕敷文德四國匡兵科掌印給事中臣劉沛先嘉禾既植鋤莠稂刑科掌印給事中臣傅感丁奉琛執玉輸籩筐工科掌印給事中臣姚締虞屈軼朱草紛兩廂掌河南道御史臣唐朝彝封章問夜檢阜囊掌江南道御史臣任珊擬將勁操堅蒼筤掌浙江道御史臣李見龍朝無闒事聯班行掌山西道御史臣郭維藩千門繚火宵

未央掌山東道御史臣孫必振昇平高宴邁柏梁掌陝西道御史臣衛執蒲

聖祖康熙二十八年

幸高士奇西溪山莊

賜御製五言詩一首

花源路幾重柴桑皆沃土煙翠竹窻幽雪香梅岸古

聖祖駕幸西山將至潭柘寺馬上同高士奇聯句

其一

御製嶺腹層層小徑斜　穿雲陟盡石嶮岈臣高士奇

御製澗中草屋流泉遶　萬匹龍驤擁翠華臣高士奇

其二

御製蟬聲草木動薰風　蛺蝶雙來引

御驄仗前時有雙蝶飛遶臣高士奇

御製潭柘幽深聊駐輦　省方不與豫遊同臣高士奇

聖祖康熙三十四年

御製日講畢同翰林張英高士奇勵杜訥看荷詩

千隊芙蓉太液池迎薰初散講筵時螭頭絶勝金蓮燭

自有清香送曉颸

聖祖御製病中偶爾問及掌院學士徐元夢乃同學舊翰林康熙十六年以前進士再無一人矣率賦一律以遣悶懷

七旬彼此對堪憐病裏回思一慨然少小精神皆散盡老年歲月任推遷常懷舊學窮經史更想餘閒力簡編詩興不知何處至拈毫又覺韻難全

世宗雍正四年重陽節

賜宴柏梁體詩

御製詩序曰朕繼大統惟朝乾夕惕兢兢仰法

皇考期賢哲盈廷民康物阜永承至隆之

聖治嘗思古之明良賡歌喜起君臣一德同心曠代為之

欣慕今在廷臣工協衷以資贊理顧瞻濟濟皆我

皇考數十年教育栽培之所詒也是以庶政具舉兆民樂

業朕實嘉賴焉康熙二十一年春

聖祖於乾清宮開昇平之宴振賡颺之歌盛稱一時美冠

千古今丙午九月節屆重陽覽百穀之斯登忻三農之有稔光風溢目海宇澄清爰集王公卿尹用陳几筵笑言勿禁威儀不拘相悅於一堂弗限夫三爵然禮著享燕之儀詩有嘉賓之詠古君臣於飲食宴會間即具獻納拜颺之典也唐虞文武之世休風如昨朕與諸卿宜則傚之令用柏梁體朕為倡始諸卿遞成篇什今日也非徒命酒徵歌揚華摛藻蓋欲昭

聖祖養育之深恩朕廷泰交之雅會垂之奕世永傳斯事

云爾

御製天清地寧四序成

賡歌拜手頌昇平 和碩誠親王臣允祉

卿雲旭日暎金英 和碩恒親王臣允祺

恩覃九有仰文明 和碩怡親王臣允祥

普天率土慶時亨 和碩莊親王臣允祿

顧拊愚忱體維城 多羅果郡王臣允禮

湛恩渥澤周羣生 皇四子臣

太和景象彌寰瀛 皇五子臣弘晝

九族敦睦沐

恩榮多羅順承郡王臣錫保

御筵陪侍玉瑽琤鎮國公臣德普一廷和氣慶豐盈保和殿大學士臣馬齊

素餐帷幄愧調羹文華殿大學士臣嵩祝

皇衷感召惟至誠文華殿大學士臣田從典老臣瑶席獻壽觥文淵閣大學士臣高其位梯航萬國歌永清文淵閣大學士臣張廷玉黜陟維公玉

衡呈吏部尚書臣查弼納均平九式百度貞戶部尚書臣蔣廷錫仁風

四洽天宇晴禮部尚書臣李周望聲靈赫濯昭鴻名兵部尚書臣蔡珽求厥明允先平情刑部尚書臣塞爾圖虞廷弼教忝秋卿

刑部尚書臣勵廷儀職司水土任匪輕工部尚書臣李永紹

聖德剛健符乾行都察院左都御史臣福敏千八百國胥朝正都統臣巴顏德

珠聯璧合佳瑞并都統兼刑部侍郎臣高其佩錫壽兆民齊籛

彭侍郎授為一品臣登德恪襄六計聲教宏吏部左侍郎臣查郎阿澄

清官敘贊銓衡吏部右侍郎臣王沛憻版圖恢廓周八紘戶部

侍郎臣常壽蔚興文教廣彙征禮部右侍郎臣色楞額

天章爛漫雲霞頳禮部右侍郎臣魏方泰止戈偃武靖鯢鯨兵部右侍郎臣

楊汝穀河海清宴環神京工部左侍郎臣郝林蓬萊佳讌張錦

棚內閣學士臣胡煦　陰陽調和奏六莖內閣學士臣何國宗　佐持風

紀嚴章程左副都御史臣杭奕祿　大化翔洽綏烝氓左副都御史臣劉師恕

九重乾乾日勵精副都統臣馬臘　鳳城佳氣拂霓旌副都統臣李淑德　宮

醞香浮翡翠罌宗人府府丞臣唐執玉　琪花璀璨光蘭衡通政使司通政使臣繆沅

彤庭仙樂諧韶頀詹事府詹事臣鄂爾奇　馨香昭格潔犧牲太常寺卿臣鄂汝魯

嘉禾疊產供粢盛順天府尹臣劉於義　宣揚德化人歡迎

署理江蘇巡撫臣陳時夏

天厨恵賜飫珍烹右通政兼光禄寺少卿臣羅其昌承平雅頌聲嘈吰

大理寺少卿臣吳隆元梧岡翽羽來鳳鳴少詹事臣伊爾敦橋門璧

水波澄泓少詹事兼國子監祭酒事臣張廷璐蓼蕭燕譽莪菁菁太常

寺少卿臣李鍾峩卷阿獻賦欽

睿評翰林院侍讀學士臣阿爾賽青壇祇肅侍

躬耕侍讀學士臣逢泰夙夜精白臣心盟侍讀學士臣德齡魚依蒲藻鹿

食苹侍讀學士臣吳襄叨隨鵷序愧瑶瓊侍讀學士臣世祿萸囊

拜

錫逾賜櫻侍講學士臣阿寧阿承天雨澤滋春萌右春坊右庶子臣蔡世遠風暄

日麗鳥鳴嚶侍讀臣索柱五音從律和球鍠侍講臣春臺星

雲糺縵輝長庚侍講臣廖賡謨百僚佩玉鳴鏘鏗鴻臚寺少卿臣

呂謙恒香芬

御茗辨棋槍右賛善臣彭廷訓湛露

恩濃仙掌擎修撰臣于振和鳴宫樹聽秋鶯編修臣狄貽孫銅壺畫漏

聲丁丁編修臣繆曰藻天香碧落飄浮霙編修臣吴應棻紫煙瑞

靄亙迴縈編修臣習寯承

恩館閣供使令編修臣梅毅成紬書天祿藜火晶編修臣鄒升恒石渠東

觀儲瓊瑛編修臣馬金門世直

丹禁懷屏營編修臣勵宗萬鑠闈分校擷璣珵編修臣部基禮陶樂

淑化自更編修臣李鍾僑仁漸義摩俗不爭編修臣姚之駰三秋

瑞穀充箱籯編修臣徐本玉筆膏凝琥珀餳編修臣牧可登碧

香丹實羅金橙編修臣凌如煥甘分珍果駢珠瓔檢討臣衛昌績

堂上堂下調琴箏檢討臣舒大成東序西序吹簧笙檢討臣楊

椿佳時雲日煥軒楹撿討臣犖建豐新開蕊榜歡庠黌撿討

臣吳濤南薰解阜聆鏦錚禮科給事中臣張鳴鈞尚方玉食傳

香秔禮科給事中臣楊爾德監史不設心先醒兵科給事中臣卭尚志

璇題丹墄仰崢嶸刑科給事中臣姜顥新

堯樽悳澤逮簪纓工科給事中臣閻圻

舜日麗照倍晶瑩監察御史臣尹泰左圖右史玉案橫監察御史臣高維新

所寶惟賢輕白珩監察御史臣程仁圻不須珍羽貢雙睛監察

御史臣湯之旭鈞天迭奏何砰訇監察御史臣梅琮重陽令節開

九閎監察御史臣錢兆沆

帝庸作歌暢元聲監察御史臣李璿盈廷喜起臣隣賡監察御史臣陶正中

皇上乾隆四年正月二日

賜宴柏梁體詩

御製詩序曰我

皇祖聖祖仁皇帝

皇考世宗憲皇帝嘗集在廷諸臣於乾清宫肆筵設席授

以筆札

御製首倡羣臣以次遞成效漢代柏梁之體續虞廷賡歌之義光垂奕世猗歟盛矣朕敬承丕緒惟日孜孜期與百爾羣工共圖治理言念股肱之佐卿尹之班何一非我

祖考所貽以與朕寅亮天工者哉宗室屏藩之寄則又流衍天潢分所宜親也宜有以篤親親之情敘堂廉之誼迺者臘雪盈疇已兆二麥之稔光風應律初回大地之春爰集王公卿貳授几賦詩一如舊制朕非欲

誇詞藻以耀羣臣倡為豐亨豫大之說也思
祖考遺朕以昇平之業吾君臣何幸得優游以享之夫享
昇平匪艱而保昇平為難羣臣其體朕意焉一宴會
之樂尚思繼
祖考之良法善政布在方策吾君臣其何以立綱陳紀熙
績寧人以覲揚
祖考之光烈予羣臣其體朕意焉
御製洪鈞氣轉叶韶年

一堂颺拜
聖主前顥親王臣衍潢賡歌復旦開中天莊親王臣允祿光風霽月物
象鮮怡親王臣弘曉蓼蕭湛露開瓊筵裕親王臣廣祿預報豐稔
瑞雪綿履親王臣允祹衢歌喜溢萬國傳誠親王臣允祕含哺更
慶歲十千和親王臣弘晝承
恩衣染
御爐煙平郡王臣福彭祥圖瑞籙盈山川慎郡王臣允禧
聖澤汪濊覃無邊貝勒臣允祜百昌應候咸忻然貝勒臣允祁禮

優秩序寵渥先貝勒臣弘明公忠無忝

天潢連貝子臣弘景

恩深太液涵春泉貝子臣弘普調元贊化慚名賢大學士伯臣鄂爾泰

身依

丹陛

皇仁宣大學士伯臣張廷玉元辰嘉瑞紀瑶編大學士臣福敏虞廷精一

符真詮大學士臣徐本寅清協理丹心懸協辦大學士臣三泰懋襄

邦治夙夜虔吏部尚書臣訥親

熙朝翹俊重三銓吏部尚書臣甘汝來經邦九式周八埏户部尚書臣海望度支慎守惟均平户部尚書臣任蘭枝典禮司成教化專禮部尚書臣趙國麟承平偃武持中權兵部尚書臣鄂善協中明允期精研刑部尚書臣史貽直鳩工庀材法璣璿工部尚書臣來保順時度地均無偏工部尚書臣起殿最西臺肅紀抒愨拳左都御史臣魏廷珍扶鳩朝序歲月延尚書臣徐元夢保釐畿輔綏冀燕直隸總督臣孫嘉淦盈廷師濟樂陶甄吏部左侍郎臣程元章惠民不惜捐金錢户部右侍郎臣留保叨隨秉耒度陌阡

戶部右侍郎臣陳世倌九穀充盈周里廛戶部倉場侍郎臣塞爾赫轉輸玉粒萬斛船戶部倉場侍郎臣呂曜曾禮彰樂備調虞絃禮部右侍郎臣吳家騏永清四海銷戈鋋兵部右侍郎臣凌如煥宥青肆赦頌苛蠲刑部左侍郎臣岱奇好生德洽仁風扇刑部左侍郎臣劉統勳監於成憲永無愆刑部右侍郎臣陳德華五材庀飭合方圓工部右侍郎臣阿克敦卜年卜世溯洛瀍盛京刑部侍郎臣吳拜馮翼孝德歌有卷禮部侍郎臣方苞琳琅

睿藻書雲箋內閣學士臣春山昭回天漢珠璧聯內閣學士臣伊爾敦臣

心寅畏嚴冰淵內閣學士臣福什寶清班瀛海隨羣仙內閣學士臣張照上林芳樹肴鶯遷內閣學士臣王承堯恭承綸綍恒乾乾內閣學士臣陳大受榮叨經幄侍曲旃內閣學士臣梁詩正導揚盛德孚南滇雲南巡撫臣張允隨九天奎壁輝星躔通政使臣歸宣光四隩安宅勸農田大理寺卿臣汪漋氤氳瑞靄浮龍涎詹事府詹事臣陳浩銀臺朝啓瑞色妍右通政臣楊嗣璟持衡首善芳秀搴提督順天等處學政臣錢陳羣鴛行鷺羽翔翩翩少詹事臣許王猷我

后玉食軫胝胼少詹事臣許希孔鳳池波暖清且漣侍讀學士臣春臺

螭坳鵠立聽鳴鞭侍讀學士臣世臣朝朝

紫禁懷丹鉛侍讀學士臣汪由敦優優藝圃資虞佃侍讀學士臣呂熾

夙興珥筆趨花磚侍讀學士臣蔣溥西清擷藻忻靜便

祕殿晴霞映采椽侍讀學士臣吳履泰講堂晝永來三鱣國子監祭

酒臣敦文辟雝芹藻春芊芊國子監祭酒臣李鳳翥茅簷鼓腹飽

粥饘右庶子臣金相王會句驪暨朱鳶侍讀臣鄂容安同登壽域

齊彭籛侍讀臣惠士奇梧岡翽鳳儀蹁躚侍讀臣王圖炳羣材靄

靄羅楠梗 侍講臣介福 五雲多處日光穿 侍講臣雙慶 苑梅
香綻春初旋 侍講臣肇敏 石梁圖史供漁畋 侍講臣張若靄 卯
園下賁束帛戔 侍講臣張映辰 抽書金匱開關鍵 侍講臣彭啟豐
探經玉局攻精監 司經局洗馬臣佟保 葵忱矢報裨塵涓 鴻臚
寺少卿臣田懋 勸誦願進明良篇 左中允臣任啟運
聖孝緝熙時仔肩 右中允臣李錦 豳風繪座呈獻研 右贊善臣李文銳
心摹道要忘蹄筌 修撰臣金德瑛 芳修佩服蘭蓀荃 編修臣錢
本誠 龍池火樹輝金蓮 編修臣雷鋐 肆筵授几列坐氈 編修

臣黃孫懋

宸章丕煥琬琰鐫編修臣秦蕙田雲簫賁鼓聲鼘鼘檢討臣鶴年職

司封駿愧拘牽吏科給事中臣馬宏琦吳杭再熟蠶八眠戶科

給事中臣汪椅掖垣

青瑣忝備員兵科掌印給事中臣吳元安聲教四訖溥海堧刑科給事

中臣羅彩鳳瑶瑛已兆翻是私監察御史臣盧秉純

主聖臣直歡謳闐監察御史臣朱鳳英敢將緘默同寒蟬監察御史臣程

盛修風期謇諤無攀緣監察御史臣陳其凝三陽肇節景福駢

監察御史臣馬丙金甌萬載慶安全監察御史臣程鍾彦

皇上乾隆七年

御製題庶子張鵬翀所進春林澹靄圖即用其韻

淡染雲嵐瀑布垂森森玉筍間疎眉詩禪畫偈相參處

正是春林澹靄時

無須賦海詡春毛珥筆詞臣有伯高漸近清明緣望雨

何曾開宴賞夭桃

只疑濃處欲生雲不獨詩文畫亦文寂寂草堂無客到

一谿煙靄與平分
香案應教仙吏承丹霞門户許誰升螭頭奏對春風靄
寫出春林亦絶勝
大地春光畫早成花花草草自為榮品題郤倩幽人筆
靜對蕭齋意轉清
吟詩不用錦囊求好句還多趙倚樓此日金蓮為誰撤
他年佳話紀池頭

庶子臣張鵬翀恭進

清露初流細柳垂半彎殘月似修眉朝天珂馬鐙

光滃掩暎春林欲曉時

昨夜顛風動鬢毛喜看雲淨曉天高

御園漸覺清明近蔟蔟新開露井桃

金殿觚稜麗曉雲玉池風影漾成文懸知

聖學深於海萬派原從一水分

温語親從玉陛承龍鱗照爛日初升

九重恩重如山嶽抃舞鼇簪愧不勝

天機雲錦織初成
賚予詞臣分外榮憶自
彤廷分帛後衣香重拂玉堂清
珍祕琅函特許求他年擬結
賜書樓天公定遣雲霞護長有
龍光在上頭
是年
御製題庶子張鵬翀所進日長山靜便面即用其韻

繪苑曾聞紀董祥詩筌畫構可參詳安知寂寞長安舍
素絹箋麻足數廂
于西佳句小年時箇裏能教日影遲雨後清和山色好
新茶處處展槍旗
半是山僧半是農卧聽隔障晚來鐘疎籬野彴無人到
灌木樷陰緑正濃
似有嵐煙生淡淡如聞谿溜響摐摐桃源不是人間世
策杖村翁眉宇龎

髣髴前生是葛三畫禪瀟灑擅江南大癡更擅坡仙筆
劾勁江山兩不㪷
野流無定西復東茅菴畫掩深山中坐對身如圖畫裏
虞琴一撫南薰風
山中無地起樓臺面面雲峰入座來消得日長誰與供
一聲孤鶴碧雲隈
夢想華胥太古天肯因翫物嗜吟牋豳風圖繪當年事
旰食宵衣倍體乾

庶子臣張鵬翀敬仍前韻

徵臣何幸集奇祥

神妙天成不可詳祇愧畫禪方丈室五雲稠疊壓空箱

山中佳處樂清時靜對茅齋白日遲那識

天家宮苑好綠楊如畫簇雲旗

田園樂事憶村農水岸笙歌煙寺鐘總在

聖心宵旰裏萬家雨露

國恩濃

新竹千竿如玉立飛泉百道似金挺如天
睿思函無外那數西江吸老龐
疎野平生似魏三敢同竹箭擅東南偶然潑墨承
天奬林澗還愁抱愧慚
御苑晨趨旭景東侍宸肅穆仰天中纖纖越葛蒙
恩賜稱體新裁向午風
日高花影上層臺奉
勅題詩入畫來朝罷千官珂珮散柳風輕颭碧溪隈

賡歌盛事繼中天屢和新詞拂綵牋為問吟風還
弄月何殊夕惕與朝乾

是年

御製武試畢還宮太液池泛舟詠雪示詞臣張鵬翀

瀛島三株樹江城五月梅液池猶灧灧璚蕊正皚皚著
柳如添絮溶波似釀醅同舟羞李郭賡韻有鄒枚

庶子臣張鵬翀恭和

宮中行樂地萬樹著新梅水色全瀠滀山光乍暎皚古詩

皚如山上雪醲雲濃似墨融日潑如醅

御舫陪賡詠縈寧數馬枚

艷雪飛

天藻形鹽和鼎梅縠紋餘嫋嫋組練尚皚皚

恩重驪珠琲酣深蟻玉醅旋消光更射金殿影枚枚

皇上乾隆十一年

賜宴瀛臺柏梁體詩

御製詩序曰稽古虞廷卿雲有什亦越周廟湛露升歌

股肱之義斯明上下之情攸暢胥任亮采惠疇之寄

應同先憂後樂之心故以式宴陳詩必有取爾颺言

拜手豈徒然哉歲在攝提月維夷則披雄風於閶闔

揚鎬日於蓬萊慶叶西成感

圜穹之厚賜筵開上苑仰

聖祖之徽猷蘭沼澄而鏡影開楓林疎而黛光罨蘆藏迴

雁無煩寄塞上之書藻樂遊魚更致想渭濱之釣名

儒雅而布席匪爲賞花對景物以開樽多因登穀桂

馥涵元殿甫度中秋之晨菊芳待月軒預借重陽之會園臨豐澤麟鳳紛來院賞淑清魚龍曼衍於是庖人設宜涼之饌常侍頒授衣之緋藻思搆而艷吐筆花繪景呈而香霏墨雨三爵無限尚餘恭儉之儀一日追歡敢忘惕乾之警千言成序自愧無文七字遒吟共成全首

御製金風玉露慶西成

清昊薦爽天宇晶 大學士果毅公臣訥親 曙光銀漢橫庚庚

大學士伯臣張廷玉芙蓉圓闕開朗晴予告大學士臣福敏赤繒雲護

飛煙輕大學士臣查郎阿萬千樓閣氣象生大學士臣陳世倌康

年泰運占豐亨大學士臣史貽直甸師入告百穀登協辦大學

士吏部尚書臣劉於義高者黍稌隰稻秔戶部尚書臣海望書大有

年瑞史應戶部尚書臣梁詩正於皇

皇德穆且宏禮部尚書臣來保宅中建極昭蕩平禮部尚書臣王安國旁

燭六合耀八紘兵部尚書臣彭維新川珍岳貢胥效靈刑部尚書

臣阿克敦以覲耿光

祖武繩刑部尚書臣汪由敦

堯天巍蕩無能名工部尚書信勇公臣哈達哈

天休滋至居既令工部尚書臣趙宏恩風牧元凱咸在庭理藩院尚書臣納延

泰

帝曰休哉咨股肱左都御史臣盛安猗昔

皇祖垂芳型吏部侍郎宗室臣德沛張筵別殿愷澤浤吏部侍郎臣蔣溥舊

章肅舉其欽承吏部侍郎臣德齡展親錫賚先宗英吏部侍郎

臣歸宣光爰集台袞逮列卿戶部侍郎臣傅恒詞臣柱史彯長

纓（內閣學士署倉場侍郎臣宗室塞爾赫）介雅需雅聯羣情（倉場侍郎臣彭
樹葵）詰朝鶬侶鏘璜珩（禮部侍郎臣伍齡安）羾閶闔而陵登閎
（禮部侍郎臣鄧鍾岳）繚垣紫界周迴縈（兵部侍郎臣舒赫德）池開太液
波澄泓（兵部侍郎臣陳德華）百頃一碧涵光熒（兵部侍郎臣王會汾）趯
臺璇甃高峻嶒（刑部侍郎臣覺羅勒爾森）香宸翔鳳飛丹甍（刑部
侍郎臣錢陳羣）九苞騫翥百尺瓴（刑部侍郎臣兆惠）重棼流景瞻
層層（工部侍郎臣索柱）鱗毫織簾鏤犀釘（工部侍郎臣涂逢震）猊鑪
煙噴帷彋弸（內閣學士臣德新）砌有朱草階有蓂（內閣學士臣留

保

露盤矗峙擢金莖内閣學士臣介福雲磴縹緲白玉京

内閣學士臣朱定元淑清萬卉圍芳塍内閣學士臣張若靄流盃幾曲

紆煙汀内閣學士臣沈德潛春泉澌澌秋琤琤副都御史臣何國宗香

風披拂迎薰亭副都御史臣孫嘉淦招涼銷暑宜長嬴宗人府丞

臣梅瑴成豐澤弄田

躬所營通政使臣雷鋐一横一縱列畦町大理寺卿臣嵩壽玉禾珍穟

積歲嬴大理寺卿臣劉綸水雲之榭臨縈瀠詹事臣徐以烜中流

御風虛可憑太常寺卿臣李世倬卧波玉蝀遠碧横順天府尹臣蔣

炳石欄刻畫獸與鯨太僕寺卿臣書山天吳贔屭苻拔獰

太僕寺卿臣熊學鵬承光圓嶠環碧城僉都御史臣嵇璜四面翡翠

雕櫺右通政臣張師載盤拏古栝形髯鬐少詹事臣西成瓊島

秀聳霽靄凝少詹事臣裘曰修谽谺豁閉穿雲扃侍讀學士臣世

臣浮圖破空勢崢嶸侍讀學士臣朱蘭泰舍利五色懸慧燈

侍讀學士臣于振慶霄傑構開軒楹侍讀學士臣陳邦彥水光繚白

山園青侍讀學士臣董邦達天矯草樹森翠屏侍讀學士臣塞爾登松

槐榆柳檜柏檉侍講學士臣宏亮蓼蘋蘆荻並若蘅侍講學士

臣龔渤鳬鷖鸂鶒鵷鷁鶄侍講學士臣周長發沈牽荇藻浮唼萍侍講學士臣吳履泰泛泛舴艋飛蜻蜓臣太常寺少卿鄒一桂閑情似訂鷗鷺盟四譯館少卿臣余棟游龍

御舸遠揚舲鴻臚寺卿臣吳應枚舟牧舉櫂歌匌訇順天府丞臣鄭其儲綺瀾瀲灔淨綠渟庶子臣林蒲封輕鯈在藻尾不赬侍讀臣周玉章牙檣桂檝浮中泠侍讀臣張泰開披襟遥矚萬象呈侍講臣官保勝過弱水求蓬瀛侍講臣德保高閣蓮漏傳丁丁侍講臣蔡新先期勑戒上林丞諭德臣興泰

鑾輿夙駕鳴金鉦諭德臣王覺蓮鈎膺方鈗偕彭彭洗馬臣陸宗楷鏗

復鏘兮展和鈴中允臣韓彥曾郅偈旖旎揚霓旌中允臣陸嘉穎

翠帽葩瑩交儀鍠贊善臣羅源漢天迴日被玉軫停司業臣鐘

音涵元殿敞龍氣騰司業臣陳世烈巀扆雲擁

天步升左參議臣薄海千官翊侍稽首迎編修臣僧格勒文陛蹈舞嵩

三稱編修臣何其睿霞封六幕張綵棚編修臣周煌廣廷花爛

紅氍毹編修臣路斯道東西接席羅楸枰編修臣吳紱流蘇樹

羽虡業撐編修臣陳兆崙

龍光樂豈湛露零 編修臣周正思 太官供具陳大烹 編修臣嚴源燾 七調六味堯厨羮 編修臣朱荃 蹯熊胎豹脣猩猩 編修臣張暎斗 水登魴鯉陸麕麖 檢討臣萬松齡 不數禁臠兼侯鯖 編修臣李龍官 雪藕丹桂金柑橙 檢討臣郭肇璜 蜜餌餖飣黏膏餳 編修臣錢琦 鐫梅鏤棗脯桃櫻 編修臣葉酉 白抄雲子踰青精 編修臣王居正 甔盎花露浮仙醽 編修臣諸錦 雕觴滿酌犀樽盛 修撰臣金甡 八珍九醞郁芬馨 檢討臣程恂 酪乳香瀉頗黎覞 編修臣金相 龍團細碾霏清霙 修撰臣潘乙震 鈞天廣樂

諧韶韺 編修臣楊述曾 鼖鼓按節殷鼛鼛 編修臣湯大紳 摐金無

射聲嘈吰 編修臣孫宗溥 雲和瑟調媧皇笙 編修臣蔡揚宗 繁絃

促響陋琶箏 檢討臣程巖 引商刻羽宮還更 編修臣徐文煜 歌

喉圓滑遷林鶯 編修臣陸樹本 婆娑曼舞曳翠翻 檢討臣張日譽

霓裳霞珮垂寶纓 編修臣陳大睔 羣仙髻鬟交雲軿 編修臣儲

麟趾

帝所上壽呈金觥 編修臣程景伊 鞠跽齊祝千萬齡 編修臣曹經需

雲溥潤瓊漿傾 編修臣卬柱 含醇不減中山醒 檢討臣何疇

瑟琴筐篚叶鹿苹檢討臣出科聯壼箸慶溢聯豫朋檢討臣周

燾

仙毫七字宣元聲檢討臣周人麒驪珠迸落魚龍驚編修臣劉炳妙

拈庚韻通青蒸編修臣竇光鼐洪鐘嗣響容寸莛編修臣孫廷槐

傳箋絡繹翔雲征編修臣徐瑋李嶠鉅製音鏗轟編修臣經

闓

天藻麗密排瑤瓊編修臣杜若拙金聲玉振條理明編修臣顧汝修乾

統坤載涵泰貞編修臣戈岱仰瞻雲漢章品瑩編修臣劉錫齡

徵明熠熠同爝螢編修臣羅遲春營度口吻晴雙瞠檢討臣覺羅奉寬藝苑鼓吹慚和鳴檢討臣叢中並禮成樂闋歌載賡

檢討臣胡澤潢斜陽金碧明觚稜檢討臣周孔從便蕃

錫予覃餘榮檢討臣王世仕素纁文錦絳縹綾檢討臣李金臺腧丸茗穎剡溪藤檢討臣王太岳分鮮玉果蓮芡菱修撰臣錢維城魚珍

拜賜爭捧擎編修臣王際華攜歸纍纍勝滿籯編修臣朱佩蓮邱山

恩重虞難勝編修臣王以昌道旁觀者相誇矜給事中臣鍾衡古來盛

事見幾曾給事中臣劉芳譪六十六載此再經給事中臣程鍾彥

若時宣豫典禮仍給事中臣楊二酉

神孫給衣先民程給事中臣程盛修迪光介祉度勗增給事中臣黄元

鐸丹書申敬几牖銘給事中臣李清芳敷言錫極凛訓行

給事中臣衛廷璞泰交一德堂廉并御史臣包祚永螭坳鶴籞儲

國楨御史臣沈廷芳八風從律六氣正御史臣孫灝時暘時雨

謝禱禜御史臣張漢與與翼翼百寶盈御史臣柴潮生蠲租恵

洽九野氓御史臣馬璟催程無復煩敲榜御史臣張孝捏雞竿

肆赦息剿黥 御史臣葛德閏 妻孥耽樂怡弟兄 御史臣胡寶瑔 耕田鑿井患不攖 御史臣歐堪善 天河有水洗五兵 御史臣沈景瀾 耨荼去莠鋤芽萌 御史臣錢度 來儀鸑鷟翔鷫鷞 御史臣胡蛟齡 斯藏垌牧詠駓騂 御史臣楊開鼎 奇肱祇貢睢以䎱 御史臣李兆珏 獻琛奉賮拜且趨 御史臣馮秉仁 狼䑐萬里銷衝輣 御史臣湯聘 龍沙久罷甌脫偵 御史臣王應綵

帝德廣運至道弸 御史臣范宏賓 異數百爾欣躬膺 御史臣曹秀先 勤思報稱懷淵冰 御史臣白瀛 昌

言曰贊抒丹誠御史臣周禮就瞻日月長升恒御史臣戴章甫

於萬斯年歌永清御史臣萬年茂

御製秋日瀛臺集臣工宴賞既仿柏梁體聯句復名

大臣及內廷翰林等三十八人用唐臣李嶠侍宴甘

露殿詩為韻依前歲翰苑故事朕成首什及末章羣

臣以次分韻

御製得月字

蘭舟玉蝀風珂馬金鼇月令日秩威儀文筵盍簪笏

皇祖垂芳型元臣會華髮旨酒於以柔晚香猶未歇拈詩
得李嶠成序懷王勃申洛山甫儔其何補袞闕
大學士臣張廷玉得宇字
嘉禾滿玉田瑞靄流銀浦協氣名
天庥隆規繩
祖武雲中
翠輦來樹底華纓聚綺席飫三爨茅檐登四觵丹霞
煥

帝文湛露盈仙宇奕世沐
殊恩頌言慚吉甫

予告大學士臣福　敏得臨字

豫遊因歲稔豈樂及秋深化洽欣無外功成頌有
臨嘉祥符
帝德喜氣入
宸襟宴賞來仙苑簪纓列禁林賡歌揚盛事交泰協同
心幸值幾多暇從容獻六箴

大學士臣陳世倌得丹字

嘉讌承

先典蓬瀛集鳳鸞九秋開令序百辟奉

宸歡島嶼雲中出樓臺鏡裏看晚英芬玉砌瑞露浥金

盤歲稔歌吟協

恩深負荷難微臣無以報惟矢寸心丹

大學士臣史貽直得地字

盛典紹

前嶶蓬壺
翠華莅清秋萬寳成
嘉讌百僚企酒醴尚方陳宫懸廣庭肆矢音傍
紫宸敷座凌丹地
賜食荷殊榮調羮慚重寄願上
萬壽觴夙夜敢辭勩

協辦大學士吏部尚書臣劉於義得雲字

太和翔洽日多稼遠連雲幽雅

皇情豫衢歌
帝代聞榮開瑤水宴光協慶霄文
泛艇仙壺入傳箋雅韻分綺珍欣荷
賜鞠秀暖含芬拜舞盈階堿呼嵩祝
聖君

戶部尚書臣梁詩正得𥦗字

嘉會
前光迪疏筵敞八𥦗洲分仙境十秋慶瑞岐雙接節金鑾

應

揮毫玉潤擬花明爭

賜錦波動促飛舡殿仰需雲榜詩慙郢雪腔

游龍迴棹綴山翠落輕篗

禮部尚書臣王安國得網字

秋宇正晴和蓬池叨

讌賞盃斟湛露濃樂奏鈞天響階㠯繡成茵檐楹霞作

幌松厓飄鶴翎蓮池縈漁網百爾集重臺一元涵

萬象羣霑
優渥恩率土歌堯壤

兵部尚書臣彭維新得碧字

禁林霽景澄穰歳
宸心懌讌賞紀昇平賡颺繼曩昔垣連宛轉橋岸綴玲
瓏石臺殿矗層空水天涵一碧蓮衣歛畫檻桂醑
紛瑤席鵷鷺勝遊仙
恩波增太液

刑部尚書臣阿克敦得紗字

天庥登萬寶

帝澤徧臣家瑶水筵方啟瀛洲路豈賒鶴觴催酌醴鳳

吹應鳴葭

睿藻雲爭彩

恩光日竝華盤盂思稼穡筐篚念桑麻既醉遲歸院金

蓮籠碧紗

刑部尚書臣汪由敦得御字

金行零露瀼瓊苑卿雲曙
盛典集星班廣筵臨
日御瀛波
祖德深稔歲
皇心豫舟度虹連蜷
戩飛鳳騫翥伶簫軒樂張瑞蓂堯厨飫
異數荷頻仍縈聯石渠署

吏部尚書臣蔣溥得筵字

皎日輝鸞閣秋風敞

御筵屢豊追雅什交泰紀新編玉饌雲端

賜仙韶空際傳奉觴同獻壽點筆更題箋香挹亭邊菊

波明畫裏船綃衣揚

祖德

盛典繼當年

吏部尚書臣德齡得陳字

由豫章惟舊宣豐歲值寅卿雲輝碧宇閬苑傍

丹宸

翠輦逶迤度芳筵次第陳仙華開四照天酒酌長春樂

奏

涵元殿觴流浴日津九秋多湛露霑潤徧臣隣

吏部侍郎臣歸宣光得桂字

山開翠苑明雲暎蓬池麗宴鎬頌周王登瀛邁唐

帝鳳律奏元音

龍箋傳鉅製秋綻東籬英芬餘小山桂法

祖顯訏謨勤民臻樂歲啟事愧山濤拜颺賡

盛世

署倉場侍郎臣宗室塞爾赫得酺字

時逢九稔年氣肅三秋序吉日啟文筵良遊來

禁籞琪花月殿香玉液天廚酺窈窕煙霞區迴翔鵷

鷺侶宴罷勑令閬圃洵非遐丹臺更何許稽首

諸臣遊觀

誦

宸章欽聆霄漢語

倉場侍郎臣彭樹葵得天字

復旦虞絃奏卷阿周雅傳

鑾輿凌曉駐珠露照秋妍香靄瀛洲上筵開玉水邊簪

毫同拜手翔步擬登仙

藻灑飛雲麗

榮分賜錦鮮湛恩涵鳳液嘉會慶中天

禮部侍郎臣鄧鍾岳得酒字

嘉䝨集三秋豐年同九有天高薦爽新露湛沾

恩厚虞紘應宮商卷遊集簪綬濡毫鳳沼波繫艇龍池

柳蘭菊陋汾詞藻蒲追鎬酒盛哉

繼序巖窺拜賡歌手

兵部侍郎臣陳德華得酌字

仙山接

帝廷禁囿開靈壑竹樹渺瀛寰煙霞隱樓閣清香筵際

飄廣樂雲中落金鼎飫時嘗瓊漿歡屢酌棲梧彩

鳳鳴依藻文魚躍共識

九重心端因樂民樂

兵部侍郎臣王會汾得榴字

玉扆崇無逸神皋屬有秋澤霑羣品豫禮及侍臣優翠

帝榮巖桂雕盤薦海榴過雲仙管動

賜錦瑞香浮式燕過三爵懽遊到十洲顧慚樗散質曷

以奉

皇猷

刑部侍郎臣錢陳羣得花字

燕鎬開秋殿蓬瀛景正賖循除甘谷水繞砌酈山花廣席韶韺近承筵禮數加興騫青鳳侶遊徧玉皇家緹幨連松廡華茵倚竹沙言歸歌既醉禁樹有啼鴉

工部侍郎臣涂逢震得水字

天麻薦有年世德傳芳軌五緯煥文明一堂隆喜起筵浮菊影黃檻拂蘭英紫移

仗鶴清塵流觴龍瀲水
宸章麗翠霞仙樂陳金卮勝境到方知瀛洲如畫裏
內閣學士臣介福得向字
豐豫際重熙趯陂晴旭向
繼繩舊典修宴樂
新恩曠傑閣俯氤氲秋波涵滢瀁
詩成元氣流樂奏和風颺鎬酒慶同賡汾歌慚浩唱緬
懷千載前喜起無能尚

內閣學士臣張若靄得浮字

聖慮師無逸

天心報有秋茅檐歌暇豫桂館樂清幽氣爽山容淨池明

殿影浮星雲騰

睿藻冠珮集仙舟蘇氏曾聯句崔家許侍遊載賡驚

異數三世在瀛洲

內閣學士臣沈德潛得橋字

行殿聳岧嶢筵開坐九霄

君臣同樂豈聲振合簫韶

天酒三漿泛官廚五味調恩魚跳玉鏡仙柳拂紅橋

飲鎬歡周讌賡歌協舜朝散餘寬禮數許蕩木蘭

橈

副都御史臣孫嘉淦得直字

大有慶三秋歡心洽萬國苑開

金闕西觴進瑶池側老桂耀丹葩崇蘭紛碧色

宸章抒麗藻賡樂昭明德

主聖嬀羲堯尹諧希契稷微臣逢此盛簪筆慚司直

宗人府府丞臣梅瑴成得城字

御苑森瑶嶼蜺旌擁碧城

宸遊歌夏諺

嘉宴慶秋成金鼎調元氣鈞璈播雅聲星雲

天藻麗雨露物華榮

萬壽呼嵩祝千官在鎬賡龍光承

愷澤拜手頌昇平

通政使臣雷鋐得連字

枍棤森

丹闕清秋秩錦筵卷阿音有繼蕭露澤無邊曲岸涼波

瀲西山霽色連天香飄殿陛仙樂奏宮懸酒醴臣

心渥珠璣

聖藻傳稍紓

宵旰意交泰屢豐年

大理寺卿臣嵩壽得禁字

大酺啟蓬瀛千官趨
紫禁秋澄苑囿明水濶樓臺枕筵帶菊英開旌隨槐綠
蔭罏煙袍袖沾雅樂心脾沁詩續柏梁吟酒和湛
露飲陪遊樂未央沐寵
恩難任
大理寺卿臣劉　綸得苑字
錫宴及佳辰聯翩來
上苑衣光漾碧漪盃影開晴巘席展金英稠橋通彩虹

蜿賡

歌仙樂調拜

賚雲章烜自洽

堂廉親寧知

蓬閬遠行行選勝多蓮炬歸移晚

僉都御史臣嵇璜得斜字

秋風來桂苑仙吹引蘭槎

嘉宴逢年慶

新詩領物華水雲相旖旎巖壑各谽谺上
壽瞻
天近留歡到日斜
恩濃同酒醴興遠即蒹葭從識三山勝寧誇太乙家
少詹事臣裘曰修得丞字
豐年忻已屢
盛事復相仍瀛海無雙地蓬萊最上層碧雲依窅窕
紅日耀觚稜詩訝飛毫捷人教納陛升股肱賢命

說宗姓禮先滕共詑千秋遇何因得仰承

侍讀學士臣于振得恩字

豫遊循

舊典

法駕御金根弱柳眠莎徑叢篁護水門雲籠

仙蘂迴日上獸爐溫香醞初浮蟻珍肴更芼蓀聯吟披

錦繡拜賜重瑶琨忝與蓬瀛集何能頌

主恩

侍讀學士臣陳邦彥得添字

上苑啟瓊筵盈廷慶天賜盛典紹前型豐年洽

宸思仙音諧徵韶宮扇明丹翠島激遠縈紆雲霞蔚奇

添

奎章耀日華香扆瞻天邃願陳稌黍多長向丹霄侍

侍讀學士臣董邦達得歡字

清宴逢時泰笙簧百爾歡蓬山迎御氣瀛海展文

瀾張樂隨

天仗移鹵鹵大官賡歌通燕笑洛訪寄遊觀曠典

恩膏浹榮施禮數寬仙臺圖畫好熙樂寫猶難

太常寺少卿臣鄒一桂得賞字

聖敬名

天和清時足俯仰百昌會休明萬化遂生養勝集協令辰

來遊浹歡賞玉筆開

御筵金風薦秋爽賡虞德惟一宴鎬事非兩拜手祝屢

豐玉燭永輝朗

鴻臚寺卿臣吳應枚得歸字

歲稔羣情暢

恩濃湛露晞登瀛依鳳舸

錫宴駐鸞旂雅樂韶鈞振

天章雲日輝賡吟寬肅拜醉酒緩言歸似續隆三古霑

濡徧九圍

勤民欣有穫豈易慶

垂衣

侍讀臣張泰開得路字

京坻徧衢歌堂陛欣榮遇水木足清妍風光澹澄素碧城擁煙霞丹陛列鵷鷺文裀臨曲水瓊槳挹甘露詩體繼元封樂音諧大濩宴賚沐

恩榮歸鞭指雲路

侍講臣德保得滿字

鸞閣五雲晴秋光太液滿波涵碧檻清樹帶輕烟煖地勝昆明池筵嗤平樂館綺霞蔚彩綃湛露盈

瑶盌

飛藻暎堯裳分牋掞江管雖喈同矢音

聖緒千年纘

侍講臣蔡　新得烟字

瓊筵開别殿蓬島麗非烟共喜來歌日頻書大有年

層臺津樹外曲檻水雲邊舞逐銀鸞影班分玉筍

聯六清神鼎味九奏帝廷絃

寵遇隆三接同歌湛露篇

御製得霞字

白藏昌百嘉西苑駐重牙翔鳳閣名䨇香穗遊龍舟名捲浪花喜因歌黍稌政可問桑麻水影含橋直山容入座斜盃浮漿是灩盤進棗如瓜侍宴詩成處還看飛暖霞

御製復得詩四首

序曰我

皇祖時曾集大小臣工於瀛臺宴賞甚盛典也茲因西成

豐稔百物蕃昌於八月二十八日賜宴公卿庶僚於瀛

臺以貽繼繩宣豫之意得詩四首并示諸臣其欲賡韻者聽

趯陂鵁侶接鳴珂霽宇空澄氣色和共喜向筵開早菊多緣紀歲得嘉禾柏梁臺畔騰箋集仙蕚亭邊載筆過緬想

虞廷傳盛事颺言何以繼賡歌

鏡中樓閣五雲稠皎日揚輝素景浮湛露詩成天酒下簃簫樂作徵招流曲江早獻千秋鑑梁苑還登太液舟

三世方明陪御賞大學士張廷玉之父曾侍皇祖西苑宴賞今與其子若靄共陪此會亦盛事也從教佳話冠螭頭

璇霄猶覩曉蟾娟濟濟衣裳擁慶烟丹粟香中陳桂醑玉山頹處酌瓊筵崇牙徐聽鈞天奏高閣遙聞晝漏傳此日含毫多沈宋昆明漫數景龍年

龍葱雞樹翠華留相悅君臣共倡酬鎬上宴開惟卜晝樓前酺賜正登秋在陰鳴鶴方縻爵樂藻遊魚不避鈎試問彬彬玉堂客瀛臺然否即瀛洲

賜宴後憩流盃亭集臣工四十五人聯句用十一真韻

御製載溯九經義肆筵百爾臣寥天懸朗日瑞露湛清晨歲稔叨

天貺民康賴

聖仁冠裳欣濟濟臣張廷玉禮樂此彬彬在藻魚心樂依松鶴意馴林英數釦砌臣福敏柳影拂絲縉允矣光而大其如愚且諄座中鳴玉珮臣陳世倌苑外襍朱輪既愜歌多稔惟膺祝大椿民風真樂愷臣史貽直物候盡

平均杞梓無移用蒭蕘亦並詢農祥占上瑞臣劉於義

御製禊事學春辰勝會方亭午佳辭論受辛許扶靈壽杖

大學士張廷玉福敏皆年逾古稀是日並許扶杖而行

容接綺羅裀

令典方逾甲芳筵再啟寅境開仙籞勝臣梁詩正地輿

禁垣隣遠嶼明霞纈層欄曲徑循雜花憑點綴臣王安國

老樹鬱輪囷葉墜黃飄袂泉飛碧繞身雁書天帛

字臣彭維新魚織水紋紃亭迴雲中矗廊紆竹裏巡綠

房低未拆 臣阿克敦 朱實綻初旬萍斂纔通舫枝欹欲

碍巾菊芳盃共把 臣汪由敦

御製

蘭秀佩堪紉水態澄金練山容聳碧峋華林底試馬

郊掫已遊麟蕩蕩皇圖遠平平王道尊豈惟榮李

嶠 臣蔣溥 莫漫擬王珣高翥

翔鸞閣平飛畫鷁艙履豐歌有慶 臣德齡 錫福被無垠

似雨懸淙急如螺列嶂皴卿雲歌縵縵 臣歸宣光 歛羽

頋詵詵洽濼趨瑶嶼沿回達玉滑履隨百辟列 臣塞

（爾赫）策紀萬祥溱麟弄惟同楦琴材不棄椅開筵迎

綺旭（臣彭樹葵）

御製

縱目向蒼旻進退多魚雅威儀更秩敢何須三爵限

行看萬方臻紆綬多黎獻彈冠到隱淪遶亭泉淲

淲（臣鄧鍾岳）依樹石粼粼寶篆噴蘭麝祥烟擁柍根惟

應戴高厚（臣陳德華）何以迪忱恂跨遠吟蒼栝吹香起

白蘋疎荷侵鏡面（臣王會汾）細草藉船脣直到星辰上

疑浮渤澥濱藤緣依石瘦（臣錢陳羣）葵喜向陽新郅治

符清晏良材盡選掄百僚欽穆穆臣涂逢震

御製羣彥會閶闔何異登瀛島空傳會玉津聞泉太古樂

相馬九方甄殿角雲凝紫簾鈎月掛銀颸風旗灼

爍臣介福曜日隊玢璘舜樂還堯酒金聲復玉振寒

芬巖補隙臣張若靄滯穗苑餘畛野烏隨仙棹風烏傍

禁闥拜稽寬禮數臣沈德潛觴詠率天真授簡紛抽祕

飛毫捷有神洪源探溟涬臣孫嘉淦遠派道峩岷妙挹羣言

液傳觀衆目眴

恩波流曲水臣梅穀成

御製和樂燕嘉賓石鑄飛瓊沫蓮根戢錦鱗蘭亭思筆健

興慶陋時屯幸被

恩光渥均叨大冶甄登仙壺共嶠臣雷鋐樂聖笑兼嚬

水濺賡珠玉飈迴戛簫箾和遲窮窈渺臣嵩壽韻窘

屢逡巡研啟端溪鴝毫濡東郭毚剡藤牋膩粉臣劉

綸華井藕雕璡橐筆憑書柿和羹試釆蓴琳琅天

府閟臣徐以烜礧砢上林珍香氣霏蘭茝清音殷鼓錞

三山應不遠 臣嵇璜

御製

一鏡宛平陳樂歲真堪樂塵心豈復塵歡言歌既醉

風物信含淳地近長依日風和別盎春周遭欄是

畫 臣裘曰修 高下砌皆珉塔遠掛霄漢湍奔激殷轔垂

虹分水鑑 臣鄒一桂 飛瀑耀天紳信有凌雲意而非玩

物倫葭蒼遥瑟瑟 臣吳應枚 涉碧淺昀昀狎浪鷗眠穩

盤空鷹眼轔界寬呈爽豁 臣于振 機靜悟淵齋靈鷲

苔紋篆文禽錦翼伸臨流襟抱淨 臣陳邦彥

御製對席笑言親䶵馥淮山桂琅玕淇澳筠來遊重伴奐

振雅有璘珷筆戰榮今席冰嬉記昔因雕華承

寵錫 臣董邦達

温綍聽重申靈囿原同樂衢樽況飲醇丹鉛緗帙麗 臣張泰開

綷縩彩絲純舫貫枝扳柳鮮分筐織筬華墀陳

纍纍 臣德保 瑣闥捧踆踆前歲新瀛署

殊恩追古人

典緣優作楫 臣蔡新 意乃錯翹新幸際豐亨會重叨燕

樂頻攝衣攀玉磴臣周長發

御製垂餌曳銀綸苑令供秋槖伶官奏夏鈞周行誰示我

嘉樂自宜民瑞靄凝

雙闕甘膏遍八黃來儀聲噦噦臣陳兆崙於牣尾華華爲

想涇舟楫言瞻旱麓榛

鴻猷隆紹述臣朱荃朴俗樂伾侁高宴應追漢仙源詎

數秦優俳嗤彼朔臣程景伊詰屈愧臣甡

萬壽連佳節重陽近浹旬秋行方皜皜臣金甡陽氣更礥

賚紀盛輝金管承
恩仰紫宸賡颺今復覲 臣朱佩蓮

御製喜起叶吹豳

御製覺生寺大鐘歌用沈德潛韻
鼂謀弗善野戰龍金川門開烈焰紅都城百尺燕飛入齊黄羣榜為奸凶成王安在乃定寀夾輔公旦焉可同瓜蔓連抄何憯毒龍江左右京觀封謹嚴難逃南史筆懺悔詎賴佛寺鐘道衍儼被榮國命鍵椎冶盡丹陽銅

穹窿重過萬石簾印泥精鏤禪機鋒戛屋十尋虞不舉
鯨魚盈丈方堪舂山靈水族無不具魑魅魍魎怪哉蟲
欲藉撞杵散憤氣安知天道憐孤忠榆木川邊想遺恨
𠑽氏徒添公案重憶昔遨遊西海子水天上下玻璃空
一川可通萬壽寺夤緣偶挹曹溪宗喬松偃蓋假山古
傑閣巍巍獨據中洪鐘在懸洵偉觀聯吟更喜昆弟從
蒼黝其色蟠其紐中宏外聳何隆隆華嚴字跡傳沈度
半滿全揭開羣蒙覺生鹿苑

皇考創材飭内帑鳩羣工謂是善叱周沙界乃從舊寺移
乘風太清十里渺乎小日日演梵聞離宮抎考已廓苾
芴眼摩挲更暢騷人胸不離一步鐘如是東西分别心
猶蓬我惜德潛老始達其詩亦復倫考功成編著作呈
乙覽不聞肯作蓀佯聾獨愛長歌踐其韻非誇藻采争
雌雄載賡唱酬古弗廢詩話千載留芳蹤聖經佛旨究
異路將以何道訓成童於論於樂備法物安可以此歸
辟雍安可以此歸辟雍不如任彼出林大且逢

庶吉士臣沈德潛原作

牙角觺觺蟠老龍色相古黝兼青紅旋蟲躨跜列

衆獸旁羅鬼怪諸姦凶重逾萬石更萬石漢高廟

器將毋同金泥傳自明永樂遷都北地仍燕封廟

社既建鼎呂定次及梵宇成華鐘道衍監造役鳧

氏數倍仙掌鎔金銅彌阿華嚴會全部沈學士筆

藏稜鋒懸之傑閣入雲表六僧舉杵齊撞舂當年

燕飛啄孺于南兵百萬為沙蟲抄連瓜蔓凝碧血

禍延赤族鋤羣忠憑仗佛力消黑業趯趯聲徹天門重恒河沙數至無算火燄滅息刀輪空從來王者貴不殺豈緣象教尊禪宗神孫更創萬壽寺大璫勢力移其中熹宗以後委諸地龍卧莎草雲難從

熙朝郭西建寶剎重樓複殿棟宇隆錫名覺生代木鐸警醒憒憒憐愚蒙鐘從寺廢徙新構萬牛迴首驅徙工鯨鏗鼉鳴整課誦響達長樂隨天風我來

郊外訪林麓一徑委折趨靈宫諦眎古蹟決雙眥
偉觀一豁平生胷因思鷄鳴埭西北巨鐘蝕土眠
蒿蓬摩挲永樂二年鑄兩地禱福邀天功一鐘淪
棄聲久啞一鐘叩擊驚頑聾蒲牢亦等遇不遇何
况士類分雌雄獨惜大鏞置佛地虚無秖伴金仙
蹤

今皇崇道講經學鴻都觀禮來耆童始終條理來法物
曷不輦載歸辟雍於論於樂頌

聖德相和鼉鼓聲逢逢

御製內閣學士沈德潛乞假塟親詩以賜之

我愛德潛德純風挹古初從來稱晚達差未負耽書正藉通元筆故懸韋孟車其如感風木暫許返林閭南國欣歸陸東門漫擬疏江鄉春興懶能不憶金除

內閣學士臣沈德潛恭和

濡滯驅征轡寧云賦遂初

君恩深惜去臣老不中書跡欲辭

丹陛心仍戀

屬車

寵光榮祖父歡喜到鄉閭常矢涓埃報幾忘鬢髮疏園

葵勤手植向日近前除

御製沈德潛為其父請封陳親遺訓聲淚俱下此所謂

終身之慕乎甚嘉憫焉從其請而賜之句

書笈舊行裝逝將返故鄉成名髮鬢白錫類詒縢黃奚

用悲寥落應知遂顯揚斧邱陳奠處不愧教忠堂

內閣學士臣沈德潛恭和

獺祭難忘本陳情出

帝鄉先臣躬守素

聖主詔焚黄

天澤邀頻沃春華得再揚鄭公忠孝里恐負白雲堂

御製沈德潛乞假葺親畢還朝詩以賜之

朋友重然諾況在君臣間我命德潛來豈宜遽引年瀧

岡表阡罷白駒來賁然即此至性肫令我俞以憐晝錦

匪所誇孝烏或致焉席前陳民瘼不負余諮延兒輩粗
知書善為道孔顔
御注先是未還朝時
有輔道皇子之命
內閣學士臣沈德潛恭和
人生在三節寂重天地間
恩深被存沒敢謝衰頹年及時封兆域堂斧馬鬣然刻
期覲
雲日辱荷

聖人憐葵情既抒矣鴻哀亦陳焉典禮重豫教琢玉蒙
訪延性善稱堯舜豈惟希伊顔

附録

掌院學士臣法良臣韓菼恭頌

聖祖御書道德仁藝匾額後

大書特書

天字發蒙字如文繫經義昭融警覺提撕振古洪鐘
聖德渾全藝事旁通乾體日强筆健飛龍得心運手元氣

化工

掌院學士臣陳廷敬恭跋

聖祖御書龍飛鳳舞石刻後

龍飛鳳舞

御書四字康熙十七年閏三月二十八日

皇上以賜臣廷敬者也臣叨塵

講席多歷年所伏覩我

皇上欽明濬哲典學敷文視朝聽政之暇手不釋卷講誦

至夜分不少懈發為篇章炳炳烺烺如日月中天
照耀下土時以餘力臨池灑翰筆法精妙夐絕古
今 臣謹按孝經援神契曰奎主文章蒼頡效象宋
均注奎星屈曲相鉤似文字之畫傳稱庖犧作龍
書少昊作鸞鳳書蓋書契之興自古聖帝哲王類
以此化成天下 臣以愚陋荷

知遇俾掌院事兹蒙
賜御筆恭勒堅珉安翰林院敬一亭中用垂悠久使觀者

知
聖主嚮學勤於宵旰所以風勵羣工意至渥也凡文學侍
從之臣敢不孜孜矻矻夙夜靖共以對揚
休命爰拜手稽首而恭跋其後

翰林院題名碑記

掌院學士臣徐乾學撰

翰林院設於唐開元中自諸曹尚書下至校書郎
均得與選入院者概稱為學士有待詔供奉之名

憲宗時置學士承旨在學士之上至宋始定制資淺者為直院暫行者為權直而學士之職始貴為院長明初又設講讀學士講讀修撰編檢諸員其制大備時入院者不專進士科至天順間李賢建議始盡用進士我

朝因明之舊閒損益唐宋明初之制辟薦者得入翰林

天子加意文學才士蔚興儒林文苑之官多至不可勝數

夫翰林為朝廷文學侍從之臣居禁近掌制誥公輔之望由此其選非可以雕蟲篆刻之才當之也予自庚戌釋褐先後官翰林垂二十年自信樸僿無他長惟是一言一議亦欲溯其原究其用本經術以經世務期不愧於自古在昔立言不朽之義方力焉而未有遠也其敢以虛名譁世乎尚論有明館閣文章之盛莫如洪武太祖蒐羅元世文獻之遺徵辟在列如高青邱陶主敬宋濂王子充張

志道方希直及練黄諸公淵源相禪不特文章爾雅亦多以節義表見者永洪之際則有三楊二王南陳北李勳業政績卓然可傳至於成弘之世久享隆平風流弘長於時懷麓滄溟張其赤幟白沙定山分道揚鑣熊峰圭峰振之東江輩世人比之蘇門六子者大半在詞林他如柴墟鶴灘儼山升菴二汪皆以讀書汲古為能事導揚風雅表儀詞垣降至隆萬東阿臨朐猶能學有根柢詞知體要

不失前人矩度自是而後才雋輩出競以浮華相矜詡枝葉愈繁流趨愈下言文章者至以詞林相訾謷則政事可知矣予在史館論次有明一代文章政事升降之故不禁慨焉歎息嘗怪文學如道思應德熙甫功名理學如廷益伯安德温諸公皆不與館閣之選其在館閣者鉅儒偉人又或不出於科目胡仲申趙子常徐大年王常宗以布衣預修國史名爛天壤其由進士為詞林者二百七十

年中何止數千人其傳者可指而數故知人能重官官不能重人也天官家謂柱史一星在勾陳帝座之側為翰林之象予幸遭際休明兄弟踵武入翰林為希世之遇顧予老將至而耄及無能報稱其在列諸公當必有遠勝曩代者上應昌期而舉臣職抑尤有望於後來者也故敢援據舊聞申之以文題名之石告後之君子

翰林院教習堂題名碑記

掌院學士臣徐乾學撰

古之造就人才如周禮大司徒鄉大夫賓興之法

戴記文王世子大樂正之教國子其制備矣其後

考亭西山分年讀書法講求尤詳然皆未仕以前

也其教於士既出身以後則莫如翰林院教習之

法初明洪武時選天下舉人年少質美者張唯等

十人擢翰林院編修入文華堂肄業詔宋濂桂彥

良為其師帝政暇輒臨幸考業親第高下光禄給

饌太子諸王迭為之主賜白金鞍馬冬夏衣裘及永樂二年遂選進士二十八人復益以周忱一人就文淵閣進學給筆札分鈔賜第隆禮過之時榮其選謂之二十八宿其中如王文端直李忠文時勉陳文定敬宗周文襄忱後皆為名臣德業文辭照耀一代稱極盛已自此每科庶吉士皆教習以學士為師然沿襲既久學堂程課僅同邨塾師生相習為軟熟套爛之文今所傳館課文字是已以

是士氣奄奄卒於不振然其害猶未甚也自正嘉間姚江立教以象山之心學兼永康之功利徐文貞當國私便其說至張江陵為館師令庶常日見
上計吏咨訪利病接引賓客漸事招摇而士氣一變矣趙大洲之為教習也則導士子以講誦楞嚴經引釋入儒滅裂名教此得罪吾道之大者流風牽引不知底止其漸至今未艾矣我
皇上道德冲備益之聖學欲復天下之人心一歸之於古

以爲翰林侍從官備啟沃顧問尤不可以無加意於是常賜考試親第甲乙如舊制時名對便殿講說義理良久乃罷乙丑春旣賜進士及第出身選入庶常有差所司以教習請

上特命予以內閣學士與院長共涖其事明年夏遷禮部去有司請更代

上命之如故自惟孤陋洊膺異數循省悚惶憶予之初入翰林也館師孝感公痛闢異端昌明考亭之絕學

於既晦之後斯文賴以無墜乃本其意撰為條例十餘則進庶吉士而告之大抵以立志希聖力崇正學為第一義季有程月有課所以磨勵而董率之者不敢蹈常習故苟且塞責也務使其見於言者一以六經四子為歸而立德立功皆足以儲為天下國家之用以無負

皇上惓惓作人之意而已而數年以來予所見一館之人才亦彬彬足觀矣然而前人之為此者其才其學

皆足以十倍於予而缺然未有題名則孰知其教之有所自也因畧稽開國以來姓名鑱石壁間若以予之偶嘗盡心於此而汲汲於後之視今則意之所不敢出矣

詹事府題名碑記

詹事臣徐乾學撰

考官制東宫官屬置詹事府以統衆務置左右二春坊以領諸局三代以後莫備於唐歷紀相沿迨

我
世祖皇帝御極初載相仍弗替惟時儲位未立官屬虛冗
始議裁去比
皇上繼統之十有五年建立
皇儲乃仿舊制復設是署澤州陳公來掌詹事予為贊
善規畫制度一切草創陳公命予實經理之二十
三年冬予以侍講學士蒙
恩特賜擢用以十一月受事復修陳公之政明年遷閣學

以去予居是職雖未久顧其始也際復設之初得從賢端尹後翔制條綱張舉節目非同他時秪以優游坐受成事迨於其後

皇太子睿質日昭敬修時敏予又幸得備位宮僚仰見

皇上所以訓迪

皇太子者至詳至備遭逢盛隆屬有厚幸欽惟

皇上萬幾之暇究覽經史未明而興漏下不輟凡

皇太子一言一動必皆

皇上躬爲之表率晰夕課程親加校勘祁寒溽暑不少間
自古儲教之嚴未有如我
皇上者也嘗伏思之古者教太子之法太傅在前少傅在
後入則有保出則有師傅以傅之德義保以保其
身體師以道之教訓而又選天下孝悌博聞有道
術者以與居處是以教習審而言行見聞無一不
正居斯位者甚不易也今世詹事春坊之官即當
時保傅之任今且諭教之責

在御總攬為臣子者咸得稟受成規贊翼於下較之古昔難易判矣然古時官僚人受厥事賦厥功其職分今惟詹事得以達講其職一古時出入宴遊與太子偕為時久今惟進講得以陳說為時暫前代人主之學明於大或略於小治其粗或遺其精若我
皇上聖學隆懋大小兼舉精粗悉備巍乎若瞻天者之莫窮其高浩乎若觀海者之莫測其深為臣子者即稟受成規而欲以堪贊翼之寄視諸前古蓋有獨

難者矣思其難以副其職竊願居斯位者之同有是心也

詞林典故卷五

詞林典故卷六

儀式

儀以昭其文式以一其度官府是以有章昔之誌翰林者曰秩清曰地禁品流率貴於諸司則内而璅闥追趨外若班寮酬對有常制焉匪云被服聲華良以脩明禮法然或年載殊遠節目罕得而詳若其釐白

聖朝懸為
令甲與夫事緣近代足備舊聞者折衷斯在謹撮其
大凡

唐

唐制凡天子御正殿則起居郎居左舍人居右有命
俯陛以聽退而書之每仗下議政事起居郎一人
執筆記錄於前史官隨之若仗在紫宸内閤則夾
香案分立殿下直第二螭首和墨濡筆皆即坳處

唐書

按李肇國史補兩省謔起居郎為螭頭蓋以此

唐制兩省供奉官東西對立謂之蛾眉班 夢溪筆談

唐翰林自德宗建置以來秩序未立廷覲之際各趨本列 翰林故事

唐興元元年勑翰林學士朝服序班宜準諸司官知制誥例凡初遷者召令右銀臺門候旨其日入院試制書答共三首詩一首可者翌日受宣乃定於

麟德殿候對本院賜宴營幕使宿設帳幕圍褥尚
食供饌酒坊使供美酒是為勑設序立拜恩訖又
賜衣一副絹三十疋飛龍司借馬一匹旬日人進
文一軸内庫給青綺錦被青綺方褥青綾單帕漆
通中枕銅鏡漆奩象篦大小象梳漆箱銅澡羅銅
揹櫨紫絲履白布手巾畫木架牀銅鑪案席氊褥
之類畢備内諸司供膳飲之物主膳四人掌之内
園官一戶三人以供使令其所乘馬送迎於搬仗

門内横門之西度支月給手力資四人人錢三千
五百四品以上加一人每歲内賜春服物三十疋
暑服三十疋錦七純寒食節料物三十疋酒餳杏
酪粥清明火二社蒸餜端午衣一副金花銀器一
事百索一軸青團鏤竹大扇一柄角糉三服粆蜜
重陽酒餻餻粉冬至歲酒兎野雞其餘時果新茗
瓜新歷是為經制直日就頒授下直就第賜之凡
内宴坐次宰相坐居一品班之上别賜酒食珍果

與宰相同賜帛二十疋金花銀器一事貞元四年勅晦日上巳重陽三節百寮宴樂翰林學士每節銀錢一百千明年廢晦日置中和節宴樂如之每歲為常 翰林志

唐制凡正冬至不受朝俱入進名奉賀大忌進名奉慰其日尚食供素饌賜茶十串 同上

唐郊廟大禮乘輿行幸皆設幕次於御幄之側侍從親近大臣第一御含元殿丹鳳樓則二人於宮中

乘馬引駕出殿門徐出就班大慶賀則俱出就班

同上

唐承旨學士位在諸學士上居位在東第一閣乘輿奉郊廟輒得乘廐馬自浴殿由内朝以從揭雞竿布大澤得升丹鳳之西南隅翰林學士承旨記

唐學士與班行絶跡不拘本司不繫朝謁常參官二周為歲滿則遷知制誥一周歲為遷官則奏就本司判記上月日北省官宰相送上南省官給舍丞

郎送上　翰林志

按唐時以到官任所爲上送上者謂送之之任也

唐制凡當直之次自給舍丞郎入者三直無儤自起居御史郎官入者五直一儤其餘雜入者十直三

儤　同上

唐制凡交直候内朝之退不過辰巳入者先之出者後之直者踈數視人之衆寡事之勞逸隨時之動

静　同上

按唐楊鉅學士院舊規有儤直例數

唐新入學士須見舊學士草麻了方令當制同上

唐判公廨事在院最小學士判同上

唐三館學士不避行臺唐書

按宣宗時馬植兼集賢院大學士校理楊收與三院御史遇不肯避朝長憑緘錄其騶僕辱之植怒奏請斥之因著為令

唐翰林學士結銜或在官上或在官下無定制如太

和中李藏用碑撰者言中散大夫守尚書戶部侍郎知制誥翰林學士王源中之類則在官下大中中王巨鏞碑撰者言翰林學士中散大夫守中書舍人劉瑑之類則在官上而瑑仍不稱知制誥石林燕語

後唐

後唐天成三年八月勅曰掌綸之任擢才以居或自初命而升或自顯秩而授蓋重厥職靡繫其官雖

事分皆同而行綴或異誠由往日未有定規議官位則上下不常論職次則後先為叙宜行顯命當正近班今後翰林學士入並以先後為定惟承旨一員出自朕意不計官資先後並在學士上仍編入翰林志 續翰林志

宋

宋學士立班常朝曁聖節行香并大忌進名並隨樞密使坐次及行幸大宴在叅知政事之後從北為

首每三元張燈及賜酺上御乾元樓臨軒觀樂凴欄設次坐在上將軍之上郊祀籍田青城之上設幕次於殿門東偏别設氊廬以為寢所葢備宻命焉同上

宋初供奉班於百官前横列王溥罷相為東宫一品班在供奉班之後遂令供奉班依舊分列慶歷賈安公為中丞以東西對拜為非禮復令横行至今初集班分列百官班定乃轉班横行叅罷復分列

百官班退乃出叅用舊制也夢溪筆談

宋開寶舍人院初入者有儤直雍熙二年置步直端拱元年置馬直玉海

宋制經筵講官舊皆坐乾興後始立蓋仁宗時年尚幼坐讀不相聞故起立欲其近爾後遂為故事今講讀官初入皆坐賜茶惟當講官起就案立講畢復就坐賜湯而退侍讀亦如之蓋乾興之制也石林燕語

宋制遇命相禁中別設緌殿召學士由内東門入繫鞋立墀下上御小帽窄衫束帶御座側獨設一繡墩小東置几陳筆硯其上侍衛者皆下學士升殿造膝受旨趨几書所得除目進呈置袖中侍衛者皆上乃宣坐賜茶已復庭謝御藥押送入院鎖宿如常制 玉堂賜筆硯記

宋舊制每遇進士策賢良館閣官並起殿門祇候唱名日登殿侍立熙寧後只令殿門祇候元豊中雖

得入殿然只立殿下紹興五年四月許依舊制殿
上侍立館閣錄

宋車駕將出孟享或過宫則應奉官及侍從以上朝於後殿宰執有奏事侍從先退例過玉堂少憩若值冬至元正則圜拜堂上俟駕過就院門外上馬以從卻掃編

宋朝殿日翰林學士於禁門内許以茶鐐擔子自隨與執政等金坡遺事

宋翰林學士居深嚴之地職任事體與外司不同至於謁見宰相自非朔望慶弔止公服繫鞵而已學士於内廷出入或典詔亦不具韡簡若同列齊行前此命朱衣吏雙引抗聲言學士来直至宫門方止歸院則朱衣遞聲呼學士来者數四故事學士敘班只在宰相後今之參知政事班即舊日之學士立班也續翰林志

按宋時學士在内院吏朱衣雙引太祖朝李昉為

學士太宗在南衙朱衣一人前引而已昉亦去其一
宋學士入劄子不著姓但云學士臣某先朝盛度丁
度並為學士遂著姓以别之其後遂皆著姓 秀水
閒居録
宋學士及舍人院最重題名學士舍人赴職之日本
院設具以是日題名於石玉冊官刋字後有拜宰
相者即其名下刋相字其家遣子弟齋宴具就本
院召學士待制以上皆集最為盛禮 翰苑遺事

宋翰林學士遇雙日至晚出宿葢故事以雙日鏁院隻日降麻也仁宗實録

宋學士拜命先閤門受制書於常朝殿門之階上拜伏跪受訖於便殿對揚陳述寵用遭値之由謂之告謝上必從容賜坐錫以茶藥而退選日謝恩前一日待詔一人就宅宣召預於庭設裀褥堂設酒醴待詔稱有勑望皇居拜伏聽命其辭皆奬飾嚴召之意又舞蹈訖升堂飲餞以謝恩奏狀拜伏跪

授之来日待詔迎於待漏院與新學士階行引至閤門而退閤門舍人始引入中謝賜對衣金帶金塗鞍勒馬入本院上事宣徽院告報勅設儀鸞宿陳帟幕大官備珍饌設上尊酒茗果畢至赴是設者止鳳閣舍人餘不得預坐續翰林志

按鳳閣舍人即中書舍人本與學士為兩制故得陪預

宋內制名色不一儤直時或未詳其體式故凡詞頭

之下院吏必以片紙録舊作於前謂之屏風兒玉堂雜記

宋制自學士以上賜金帶者例不佩魚若奉使契丹及館伴北使則佩事已復去之惟兩府之臣則賜佩謂之重金初太宗嘗曰玉不離石犀不離角可貴者惟金也乃創為金銙之制以賜羣臣方團毬路以賜兩府遇仙花以賜學士以上今俗謂毬路為笏頭遇仙花為荔支皆失其本號也歸田録

按談苑云居兩制久者則曰眼前何日赤腰下甚時黃處内廷久者又曰眼赤何時兩腰黃甚日重蓋宋時重金最為寵異云

宋蒲傳正在翰林因入對神宗曰學士職清地近非他官比而官儀未寵自今宜加佩魚遂著為令揮麈前錄

按蘇軾謝入翰林表玉堂賜篆仰淳化之彌文寶帶重金佩元豐之新渥指此

宋熙寧七年十二月詔翰林學士知制誥至中書樞密院議事許繫鞋遇朔望及不因公事依例穿執 續會要

宋衣冠故事多無著令但相承為例如學士舍人躡履見丞相往還用平狀扣堦乘馬之類皆用故事也近歲多用鞾簡 夢溪筆談

宋百司申中書皆用狀惟學士院用諮報其實如劄子亦不出名但當直學士一人押字而已 歸田錄

宋玉堂之上惟上事受吏人賀禮始得正坐餘雖丞旨亦須坐於東廂其副翰在西廂餘依雙隻對坐或會食日旰之後同列出院當直學士茍已褫巾笏則紗帽靸履送至玉堂之簾下續翰林志

宋詹事初上叅見皇太子拜皇太子答拜庶子等初上叅見皇太子受拜文獻通考

元

元初序朝玉堂清署謂之煥壁班解醒語

明

明翰林院朝房在午門外右第六區每候朝則殿閣大學士本院學士講讀官史官皆在焉詹事府朝房在午門外右第十八區府坊局官皆在焉鼓初嚴各詣左掖椶篷下序坐候鼓終嚴而入翰林記

明聖節正旦冬至令節冊封傳臚遣祭等大禮俱用史官四員侍班是日四鼓入自中極殿露頂門外候上御中極殿內臣傳開門進至殿檻外鴻臚寺

唱執事官行禮三大節五拜三叩頭餘皆一拜三叩頭候唱平身則先退仍出露頂門沿殿墻出中左門循廊上殿皆疾趨至殿中設樂處須宛轉回旋以防傾磕至鋪毯處立定候駕過金柱下侍班

明詞林典故

按明館閣相傳云闈平而起循墻而走見樂而避遇毯而止蓋指此云

明洪武中常朝御三殿命翰林官序立居文武第一

班之後稍近上便於觀聽每遇上御奉天門則立御榻之左皆常服朝朔望上御奉天殿具公服隨班行禮永樂初令內閣儒臣侍朝立金臺東御三殿賜燕正統初內閣官始移下貼御道東序立本院官則序立丹墀之東第一班後御西角門亦如之若午朝晚朝之儀洪武時無可考者永樂中午朝御左順門既陞御座內官設案內閣及本院官俱於案西序立晚朝或御右順門儀節亦如之 翰

林記

明洪武三年定大朝會賜宴上殿者賜坐墩其退朝燕閒行幸之處勲舊之臣文學之官賜坐者仍加絨罽繡褥永樂以後御三殿或便殿行幸無不賜坐者 同上

明朝儀同班序立翰林七品在小九卿六品之上宫坊六品在小九卿之上宫坊五品在大九卿之上講讀學士在大九卿四品之上惟讓僉都少詹事

學士在僉都之上

明學士在朝失儀不面糾明詞林典故

明常朝御皇極門即輪該日記注并編纂官三四員列於東班石欄銅香爐下各科給事中之上或午朝御皇極門列於御座西稍南隨從記錄凡封稿之日記注與編纂官於東閣門外分左右如常儀候中堂入東閣先記注官入分左右依次編纂官入揖隨中堂同入右房記注官收起居注編纂官

收六曹章奏入櫃封完出東閣再揖如前候中堂出門柱邊揖別復入東閣記注一揖與編纂一揖而別見聞錄

明日講官初入講筵俟班定跪致詞云新補日講官某官某人叩頭見致詞畢三叩頭其陞遷等事遇免朝日即於講筵致詞明詞林典故

明經筵翰林春坊等官及國子監祭酒二員進講翰林春坊等官二員展書明會典

按明會典又有月講日講儀玉堂紀事云每講讀與上共一几几上只書一本講官憑几倒看傳講雜記云儒臣講讀内侍先置書冊在几案上揭開乃用牙篦指與講讀一頁盡儒臣執牙篦立俟内侍揭過復講讀玉堂紀實云每讀書講書時中官執小架架上有金錢自左移右以紀遍數瑣綴録云文華殿設金鶴香鑪於寶座之南左右各一案上置書鎮以金尺知經筵官等俱繡金緋袍展書

翰林官等俱青繡服春明夢餘録云講官失儀舊制出班請罪得面宥嘉靖六年以經筵乃講學親賢之地一切差誤令侍儀糾舉退而具奏免其自請長安客話云經筵講畢輒命中官布金錢於地命講官拾之以為恩典宣德中景陵懷金錢至史館撒之於地諸講官拾取李時勉獨正立乃呼之前賜以袖中金錢震澤長語云經筵初開例有白金文綺之賜史成進御亦晉秩加賞如先去不劾

勞績偶值書成，即得霑恩數，故有經筵頭修書尾之謗，皆故實也

明洪武二十九年五月初，命詹事府翰林院官於午門内出入者各給牌為驗，已而罷之，使近侍官得日至便殿奏事　翰林記

明翰林院官與詹事府坊局官多互兼職事，以品秩尊卑為序，若非兼職而同品秩者，先書本院官，然後及詹事府坊局官，如學士則序於春坊大學士及

庶子之上侍讀學士侍講學士則序於諭德之上
侍讀侍講則序於府丞中允之上修撰則序於贊
善司直之上典籍先清紀待詔先司諫録事通事
舍人蓋亦然也此為脩書考試等事書職名而言
若平居相與則惟序齒同上
明翰林故事凡同寅皆尚齒與諸司不同然必以類
分學士自分一類讀講自一類修撰編修檢討自
一類等級截然不紊水南翰記

按李東陽云今之諸曹百執事各有長屬以法相視事有稟白可不可則唯唯而退其勢分懸絕固然也惟館閣以道德文字為事雖師保者宿位尊望重亦與後進之士相賓主下上論議誾誾侃侃各申其度情交而義達喜有慶行有餞周旋乎禮樂而發越乎文章倡和聯屬亹亹而不厭此詞林之盛事也

明正統七年院署落成掌院事學士錢習禮不設西

楊南楊公座曰此非三公府也至期二楊以聞乃
命工部具椅案禮部尚書胡濙定位次左設大學
士三座學士一座而讀講學士東西對列續文獻
通考

明翰林官常朝畢立東閣前俟大學士至閣中講讀
史官皆序立圜揖而退五經博士而下揖於閣外
出復序立於史館前亦圜揖揖畢各書公會乃入
館修書史翰林記

明翰林院官入見内閣必先使孔目通姓名而後見初入官謝恩後入見例留飯其後内閣官尊遂令六品以下揖於階下五品及詹事官送迎如寮友禮同上

明左右春坊中允入閣門内揖出用雙導左右贊善從六品亦然而翰林侍讀侍講品故同中允然以本院屬官故揖則中庭出則單導獨至修書講筵主兩京試則皆講讀先而中允後觚不觚録

明本院官銓注後吏部題本以到任管事請有旨俞允具公服謝恩擇日詣外公署與同寮相見謂之到任本院自内閣學士至孔目皆出燕錢置盛筵於後堂用樂學士列坐於上新任者坐於前之左講讀坐於前之右餘旁坐翰林記

明翰林院官皆乘馬至三品例乘肩輿獨掌署南京院印者與三品同同上

明洪武中學士遇公侯引馬却避二品引稍側三品

分道而行永樂以後本院雖六品以下官惟前輩在内閣官尊者引馬側立餘舉手而已成化中有史官遇尚書為所呵内閣聞而使人讓之謝過乃已蓋本院職雖卑而倚任則重與公卿抗禮自太宗時始也同上

明初京官俱不用傘惟考試官入場及狀元歸第乃得用之明良記

按見聞録云翰林皆用黄蓋銀爪與初制異

明故事吏部尚書體最重六卿以下皆用雙摺刺惟翰林光學士以單紅刺相往返至轉禮侍則如他九卿禮彼此皆雙帖　觚不觚録

明初翰林學士侍制等官兼史事則常兼修國史銜其後罷國史院不復設編修官而以修撰編修檢討專為史官隸翰林院自侍讀侍講以下為屬官官雖異然實不分職史官皆預講讀講讀官亦預史官所兼預職事不以書銜近年官翰林者多循

國初之制書兼修國史甚者編修已陞為七品正員而仍書國史院編修官亦有書經筵檢討官者葢沿襲舊制故也正統以後內閣大學士多書知經筵事或同知經筵事學士而下書知制誥兼經筵官或經筵日講官又有書某書總裁副總裁者則出近時云翰林記

明翰林舊不習儀以禮所自出故也成化十四年冬至有新旨學士王獻而下俱與常參官赴朝天宮

習儀至今循之同上

明制本院官出使外國俱賜一品服同上

皇朝

常朝坐班儀

掌院學士詹事在二班坐少詹事侍讀學士侍講學士祭酒庶子侍讀侍講諭德洗馬在三班坐中允贊善司業修撰編修檢討庶吉士在四班坐其翰林院典簿待詔詹事府主簿正字在七班坐

御門侍班儀

講官四人為前一行編檢四人為後一行在科道

上先於西階下東向立竢

上陞座講官即升階去

御座丈許東向立

御榻下向南設金猊鑪二内侍先爇香其中

上陞座香烟從金猊口中出講官末一人立處正與金

猊相值各部院官以次奏本畢内閣侍讀學士就

黄案捧本匣退侍衛俱降階階下編檢科道俱退
大學士學士升自東階啟奏折本時講官即移近
前二尺許立聽
王音竢記載及大學士學士退講官亦退
陞殿侍班儀
是日講官於五鼓集起居注館昧爽至
中和殿甬道之西竢
上先御中和殿内大臣侍衛内閣禮部都察院翰林詹

事府堂上官及講官俱先行禮畢講官由
太和殿後窻趨至殿西次間窻内倚前楹東向立翰
詹堂上官至殿東西向立俟
上陞座諸臣於丹墀下行禮畢
賜茶時講官等亦
賜坐賜茶
駕入宫乃退其冊封傳臚講官侍立處同前
凡元日及

皇太后萬壽節

皇上萬壽節

皇上先朝

太后講官於五鼓至

乾清門俟

駕出隨豹尾槍後行入

永康左門至

慈寧宫門外西邉東向立俟

上行禮畢回宮講官由右翼門趨至
中和殿外甬道之西入侍
殿班儀式同前

經筵儀

是日
上御文華殿諸臣赴階下行禮如儀詹事府詹事少詹
事及日講官俱入
殿西侍班於九卿之次滿漢

經筵講官各按左右立當講官四人先出班至講案
前一跪三叩頭起立贊進講講書官二人以次折
旋至講案前進講如儀講章中遇稱
皇上則拱手鞠躬講畢竢
上發玉音羣臣皆跪講經亦如之禮成趨階下行禮如
前復
宣上殿
賜茶畢

駕出

賜宴於協和門詹事及日講官皆預

謹按

經筵侍班各官皆補服講官則兼服蟒領袖袍與他

官異

讀卷侍班儀

是日講官與讀卷官俱在

乾清宮門旋

上御養心殿宣入講官前行至
殿西次間窻内倚楹東向立
賜茶時講官亦
賜坐
賜茶

陪祀侍班儀

上親祀南北郊及正月上辛祈穀先期一日在
太和殿視祝版講官在丹陛上西向立

上視祝版講官隨豹尾槍後稍面東北立若

上親祭

太廟社稷日月先期一日在

中和殿視祝版講官在殿外甬道西傍東向立

上視祝版講官隨豹尾槍後稍面東北立凡講官在

壇

廟侍班其立次俱接西翼豹尾槍之下

耕耤侍班儀

是日

上祀

先農講官陪祀

親耕時講官於耕次綵棚外隨行及

上御觀耕臺講官於臺上東向侍立諸王大臣列侍臺

下其

大閱時

上御晾鷹臺講官侍立臺上如

耕耤儀

勾到侍班儀

凡秋讞三覆奏訖

上在乾清宮

御懋勤殿勾到

圓明園

御洞明堂勾到

上皆東向坐講官同閣臣及刑部堂上官入講官並南

向侍班

燕享侍班儀

凡上元及歲除宴蒙古外藩講官陪宴坐次在西
翼豹尾槍之西雁齒排列講官四人共二筵
賜坐時行一跪一叩禮侍衛行酒至亦如之宴畢降自
西階行三跪九叩禮

迎送儀

上以郊廟祀事及耕耤大閱諸典禮出午門翰林官編

檢以上俱朝服迎送若居常出入東華西華神武等門翰詹惟三品以上迎送或

乘輿遠出迴

鑾時講官及

内廷翰林俱出郊在大學士九卿數里之前迎接其日設鹵簿則諸臣俱緣服不則用常服逢五十日則補服

館選儀

凡選庶吉士吏部牒翰林院題請日期至期陳黄
摺於
御案上書諸進士年齒籍貫
上陞座滿漢掌院學士左右侍滿讀講學士引諸進士
以次入選中者立
御座右選畢一甲三人亦引
見次日翰林院進庶吉士名摺交内閣分别讀滿漢書
謹按此

國初定制也

聖祖康熙間進士於館選時奏乞讀中秘書或稱家世多

任館閣或稱邊遠地素少詞臣間荷

俞允

世宗加意

朝考復命大臣以所知薦用相參覈

皇上御極尤慎校藝文

朝考後復命親王大臣集諸進士觀其儀品核其年

歲分為三等程材論選悉由
聖主親定焉
散館儀
凡散館教習學士引庶吉士序位體仁閣下行三跪
九叩頭禮授題給筆札既納卷
上親定一二三等越日引
見分別授職
謹按

聖祖駐蹕
暢春苑則於
澹寧居散館
世宗駐蹕
圓明園則於吏部朝房散館
皇上乾隆七年壬戌、
特命於
正大光明殿散館

具揖儀

故事臣工三品以上遇遷轉具揖陳謝惟新除講

官雖編檢亦得具揖以講官儀服並得同三品故

也又

内廷供奉翰林雖非三品陳奏亦得具揖又翰林官

於學試兩差及凡奉使回京亦得於

宫門具揖又

殿試既畢狀元亦得率諸進士具表謝

恩

謹按順治十六年四月掌院學士奏定翰林自讀講學士以至編檢皆為同官凡給假請告俱令自行陳奏其後復由掌院移咨吏部彚題

禁中乘馬儀

故事

禁中不得乘馬雖大臣亦必由

特旨康熙十七年

命侍讀學士張英於
禁中乘馬蓋殊制也
帶數珠儀
故事朝官五品已上始懸帶數珠翰林編檢等惟
入直
内廷及充補講官有
恩賜懸帶者至乾隆二年十二月
諭大學士朕御門聽政之時翰林院修撰編檢與科道

一同侍班翰林班次在科道之上科道懸帶數珠而翰林未有定制朕思侍從之臣理應畫一嗣後修撰編檢亦著一體懸帶數珠以肅朝儀自是遂為定式

服飾儀

故事朝官五品已下不得服貂皮猞猁猻惟翰林及科道官准服

謹按王士禎池北偶談云康熙十一年重定衣服

等威之制三品已上始得服貂皮及猞猁猻未久

復故

結銜

凡翰林官結銜若

經筵日講則書於本官之上若兼官如掌院學士兼

禮部侍郎詹事少詹事兼讀講學士左右庶子兼

讀講諭德洗馬兼修撰中允贊善兼編檢則書於

本官之下其教習庶吉士及充各館總裁纂修官

則書於本官及兼官之下

謹按識小編云唐翰林學士皆以他官兼故學士結銜在本官下五代端明殿學士趙鳳遷禮部侍郎因求宰相任圜升學士於本官之上宋因之

本朝翰林列散官於本官之下與諸司異亦祖此意若宮坊以上兼翰林官者皆列兼官於本官之下散官亦列於上不復與翰林同矣今翰詹結銜未有異列不盡如識小編所云也

序次

康熙十八年十一月以原任掌院學士徐元文為

内閣學士

諭大學士等曰内閣與翰林官不妨互為調用其

行坐之處照進衙門先後以定次第

謹按翰林官在

公朝坐立之次惟視官階其在館中及私第接見一

以進衙門先後為序名前後輩若接見時有他看

官預焉則不復序實遵

功令云

又按庶常初館選行謁前輩禮凡由散館授職編檢及編檢之晉階者皆為前輩一科已上書刺曰侍生七科曰晚生其未及七科而官階在庶子已上者亦曰晚生凡三刺自後雖官階在前輩上而其稱不改

考察過堂

凡考察翰林開坊以上官並過半堂

謹按池北偶談云翰林京察在吏部過堂順治中

讀講諭洗中贊司業已上皆後堂相見具迎送之

禮康熙癸丑始在前堂過半堂呼官及姓不呼名

大學士上任

凡除授大學士未赴閣先於翰林院受任是日大

學士具公服詣

先師祠行禮三跪九叩頭詣昌黎祠一跪三叩頭禮畢

至寶善亭更衣出坐大堂翰詹官以次進揖大學
士亦出位答揖

掌院學士上任

是日掌院學士具公服進院詣
先師祠行禮如前儀禮畢至穿堂拜印出坐大堂書公座訖
滿漢掌院學士對拜一跪三叩頭畢讀講學士以下以次
進揖掌院學士並出位答揖其首領官等亦進謁如儀

教習庶吉士上任

是日教習庶吉士在東安門内具公服館長致辭
請乃進院一甲三人及諸庶吉士具公服躬迎謁
祠如前禮畢滿漢教習對拜庶吉士行進謁禮北
面再拜教習者亦答拜館吏列分習滿漢書人數
請上書庶吉士以次至前教習點筆示課程訖皆
退

翰林官入署

凡掌院學士讀講學士侍讀侍講入署館吏皆遮

贊傳呼其編檢辦院事者亦如之凡庶吉士入署

俱於二門外下馬授職編檢則於登瀛門内下馬

侍讀侍講學士掌院學士於堂簷下馬

詞林典故卷六

詞林典故卷七

廨署附詹事府教習館

古者建官列署示職業之所治有常涖也考唐宋間他曹官外設公廨而翰林以待詔禁中故獨稱内署迄無定所元置翰林院厥制稍異至明建院於長安左門之東玉河之西則今之歸然者是也

國初沿明之舊而加釐整焉時則與内院實相表裏

不為専治自乾隆八年奉

詔更新規制益煥璇題珠牓輝映

天書煒乎煌哉吮毫詮次者惟懼閬苑蓬山難窮繪畫

又何待遠結神遊之想歟

唐

唐貞觀二年以史館隷門下省踈遠奏徙於中書省

唐書

唐故事駕在大内即於明福門置院駕在興慶宫則

於金明門内置院後改在右銀臺之北第一門牓曰翰林之門入門直西為學士院其北門為翰林院北廳五間東一間是承旨閣子並學士雜處之南北二廳皆有懸鈴以示呼召虛廊曲壁多畫怪石松屋院内古槐松玉蘂藥樹柹子木瓜菴羅咺山桃李杏櫻桃紫薔薇辛夷蒲萄冬青玫瑰凌霄牡丹山丹芍藥石竹紫花蕪菁青菊當陸戎葵萱草紫苑署學士至者雜植其間 翰林志

唐翰林院署在銀臺門内麟德殿西重廊之後學士院者開元二十六年之所置在翰林之南别户東向其後又置東翰林院於金鑾殿之西翰林故事

唐翰林院北廳前堦有花甎道冬中日及五甎為入直之候李程好晚入恒過八甎乃至衆呼為八甎學士翰林志

唐翰林院有龍口渠通内苑大雨之後必飄諸花蕊經由而出有百種香色名不可盡雲仙雜記

唐學士院第三廳學士閣子當前有巨槐號槐廳舊傳居此閣者多至入相全唐詩話

唐秘書省内有落星石薛少保畫鶴賀監草書郎餘慶畫鳳相傳號爲四絶元和中韓公武爲秘書監挾彈中一鶴之眼時謂之五絶舊聞記

宋

宋二京學士院並在樞密宣徽院之北蓋表其深嚴宥密焉續翰林志

宋玉堂東西壁延袤數丈悉畫山水風濤浩渺擬瀛洲之象也待詔董羽之筆修篁皓鶴悉圖廊廡奇花異木羅植軒砌每外喧已寂內務不至風傳禁漏月色滿庭眞人世之仙境也同上

宋舊學士院在樞密院之後其南廡與樞密院後廊中分門乃西向玉堂本以待乘輿行幸非學士所得常居惟禮上之日略坐其東受院吏參謁其後爲主廊北出直集英殿則所謂北門也學士僅有

直舍分於門之兩旁每鎖院受詔與中使坐主廊後闢兩直舍各分其一門與北門通為三以照壁限其中屏間命待詔鮑詢畫花竹於上與玉堂郭熙春江晚景屏相配避暑録話

按宋學士退朝入院與禁中宣命往來皆行北門而正門行者無幾不特取其便事亦以存故事也說見石林燕語

又按筆談云學士院玉堂太宗曾親幸至今惟學

士上日許正坐他日皆不敢獨坐故事堂中設視草臺每草制則具衣冠據臺而坐今不復如此但存空臺而已

宋內院逼近禁闈地復狹窄前後書詔繁萃積於房廊多所損潤蘇易簡乃於玉堂後廡建二書閣東西交映藻繪間設自是文籍有附焉閣之上下悉命僧巨然畫烟嵐曉景以布之次續翰林志

宋學士院正廳曰玉堂蓋道家之名翰林志言居翰

苑者皆謂凌玉清遡紫霄豈止於登瀛洲哉亦曰登玉堂焉自是遂以玉堂為學士院之稱而不為牓太宗時乃以紅羅飛白玉堂之署四字賜易簡紹聖間以避英廟諱去二字止曰玉堂云 石林燕語

宋内諸司舍屋惟秘閣最宏壯閣下穹窿高敞謂之木天 夢溪筆談

宋學士院中有雙鵲棲於玉堂之後海棠樹每學士

會食必徘徊翔集或鳴噪必有大詔令或宣召之事因謂之靈鵲談苑

宋紹興十三年十二月詔建秘書省明年六月落成省在懷慶坊北大門内有右文殿殿後有秘閣閣前有拜閣臺閣後有道山堂堂東二楹監居之堂西二楹少監居之南二楹丞居之又次三楹館職分居之館閣録

宋秘書省道山堂東第一楹為儀鸞司次為翰林司

又次為修書案又北二楹為國史庫又次為著作之庭庭後為汗青軒後改名天數亭蓬巒在汗青軒後北有酴醾架又北有羣玉亭亭東有鶴砌亭南又有蕓香亭東逕至羣玉亭西逕至松坡穿菊徑徑前臨池跨池有橋亭度橋有席珍亭亭東北有橋洲又東北有東岡岡北有藥洞入有采良門門内有茹芝館洞北有過廊又北有滌硯澗跨澗有木橋又北繚羣玉亭後又西北有泉曰濯纓泉西有亭

曰錦隱後改名蓬萊亭西逕有射圃入有延門入門有亭曰繹志又西有亭曰方查北有松坡又西臨池跨池有木橋度橋有亭曰含章亭西北有蘭畦又北有西坂園内有竹二畝雜樹百五十六同上

宋因唐制院中復置鈴索續館閣録

元

元翰林院以金烏珠第為之歐陽楚公詩翰林老屋勢深雄此是金家烏珠宫是也瀛洲道古録

元國史院庭中有鼇峯石馬祖常詩閣鈴不響文書靜相對鼇峯日賦詩道園學古録

明

明翰林院在東長安門外北向其西則鑾駕庫東則玉河橋元之鴻臚署也春明夢餘録

按朱彝尊瀛洲道古録云孫氏春明夢餘録謂翰林院本元之鴻臚署焦氏玉堂叢語載宣德七年以故鴻臚寺為翰林院考元史百官志止有侍儀使

無鴻臚所云故鴻臚寺當是永樂年間所建爾雖
年遠無稽而褻尊之言於理為近
明初建官以本院為近侍衙門故公署雖在外而僚
屬相聚恒在館閣洪武初建翰林院於皇城内學
士而下晚朝即宿其中扁之曰詞林永樂中行在
本院官仍在禁内供奉不别立公署正統七年八
月詔建於長安左門外玉河西岸而東岸則為詹
事府焉正堂三間中設大學士侍讀學士侍講學

士公座左為史官堂右為講讀堂首領官房在儀門之外之右嘉靖戊子始建御製五箴碑於敬一亭亭樹於堂之南左則劉文定井井之外為蓮池右則柯竹岩亭亭之前為土山 殿閣詞林記

按此稱院署建於正統七年八月而焦氏玉堂叢語則又以為建於宣德七年未知孰是

明京師翰林院門左右各積有飛沙高三四尺並枑梐若短墻然微風一動則坌起出入者厭之世廟

中掌院某嘗令除去官僚罷謫錢空沙還積如故或以為形勢宜爾燕山叢錄

明翰林院為齋宿委積之所内有東閣學士聚焉為朝退會揖之地史館為講讀史官所聚集皆無公座至修史之日旋設十館於東角門之右事竣去之震澤長語

明翰林院第三廳史官廳也又曰槐廳即今翰林院正廳之西偏史官所居是也儼山集

明翰林院劉井學士劉定之所濬在公署後堂之左柯亭學士柯潛所建在公署後堂之右後堂有二栢亦潛所種翰林記

按翰林記潛教習庶吉士時李東陽承詔受業及東陽復教習庶吉士出學士栢為題弋陽汪俊有一日百匝行樹底之句悵然感之因衍為一篇曰

我行樹陰日千匝雨葉風枝自蕭颯惟有諸生識我情旁人不解空嘲狎我見先生種樹年我身尚

短樹及肩枝蟠江山地可縮手斡造化天無權瓊
臺翠閣何森爽院榔庭花敢爭長芘蔭長留六月
陰盤迴直與孤雲上材堪五鳳難為用根到九泉
終不枉零落青袍幾故人琤琮玉珮空遺響當時
院長文安公柯亭劉井相西東百年遺愛豈獨此
此樹欲比人中龍樹猶如此我何似已媿班白非
兒童名收榱桷有先後壽比金石無終窮下堂再
拜想顏色仰面正拂長髯風於是唱和成卷

明柯潛既綜院事就詞林後圃結清風亭亭下鑿池蒔蓮決渠引泉公退偃坐其中翛然真若登瀛洲者 玉堂叢語

明翰林院瀛洲亭在内堂之右故有隙地一區萬歷秋甃為方池構亭中央額曰瀛洲池逼近玉河堤閘先是亦嘗引河水一勺入池而今遂湮塞無敢以上請者 燕都遊覽志

明楊守隨掌翰林院院之後有巨栁數章參天蔽日

民之輸廩米者欲曝於庭患柳陰之翳之也請伐其最鉅者公不許作伐老柳賦示意（湧幢小品）

明宣德七年六月賜御製翰林院箴揭於院之後朱髹牓字用金塗之（殿閣詞林記）

明嘉靖五年十月上製敬一箴及注范浚心箴程頤視聽言動四箴頒賜大學士費宏等疏謝請勑工部於翰林院築亭立石以垂永久從之七年二月敬一亭成（明世宗實録）

明翰林院寶善亭三楹在院東偏軒牕虛豁旁臨玉河環蔭喬木學士大夫靜觀之所也燕都遊覽志

明翰林院尊道堂修吉堂瀛洲亭寶善亭原心亭成欒軒大小門牕竹簾鉤俱工部器皿廠辦送翰苑須知

明嘉靖甲戌五月翰林院中吏舍有白燕一雙獻之內閣又池中蓮花早開相君并以獻上溫旨諭答之穀城山房筆麈

明翰林院在玉河西岸四譯館隷焉明一統志

按燕都遊覽志四譯館在玉河橋之西永樂五年十一月始設命禮部選國子監生蔣禮等三十八人隷翰林院習譯書人月給米一石遇開科令就試仍譯所作文字合格出身置館於長安左門外處之葢四譯館本屬翰林所轄故其署舍亦復相近自景泰三年八月提督譯書郎劉文等請建館於廊房之南隙地自此其署遂移今其故基不可

考矣

皇朝

國初併翰林院於内三院詞臣皆直宿

禁城後復專設院署廳堂門廡有因有剏百年定制

視前代爲加備焉謹臚次之如左

院門凡三楹北向中懸髹漆牓前設枑梐木左右各一

謹按王士禎居易録云署前積沙號沙堤形家言

風水所係近稍去其半數月學士孟亮揆沈上墉

侍讀王鍾靈等七人皆去位學士朱典贊善趙執信祭酒曹禾亦以他事詿誤去其驗如此館中相傳遂為故實厥後重葺時監修各官戒勿復去云

門之内為儀門凡三楹北向門左有掌院學士題名碑東西兩旁角門各一皆北向儀門之内有門牓曰登瀛直甬道中

大堂三楹北向院之正衙也中縣

聖祖御書道德仁藝額堂下墀左設日表一

謹按池北偶談云明内閣大學士皆於翰林院上任故院中設閣老公座於上而掌院學士反居其旁諸學士稱閣老曰中堂以此後遂相沿勿改

堂之西偏廳事三楹官讀講者居之牓曰讀講廳東偏史官編檢居之牓曰編檢廳堂前左右廊屋各十五楹為吏舍入左廊中圜門内為狀元廳中凡三楹西房四楹副焉右廊圜門内南向者為昌黎祠北向者為土穀祠各三楹

謹按嚴繩孫西神脞說云建置官署必立土穀祠翰林院所祀則昌黎伯韓子也乾隆九年重新祠宇同官集議以昌黎為土穀祠未洽典禮因别建一祠故是年諸臣栢梁賡韻詩有昌黎文伯社茲鄉之句

堂之後為穿堂凡三楹北向上懸

皇上御書稽古論思額

穿堂之左為待詔廳右為典簿廳東西向各三楹

其傍亦如之

謹按二廳前各有古槐一株蓋百餘年物也又陳元龍愛日堂集載大學士張英掌院事時手植槐數十株曾有詩云種槐幸得依劉井他日清陰滿

玉堂詞林傳誦之穿堂之内為後堂凡五楹南向

中設

寶座列

御屏

上臨幸時所御也左右壁甃石刻
御製是日復得詩四首并示諸臣詩其東西屋二楹别
戶扃之為藏書之庫
後堂院內東偏有井覆以亭曰劉井而柯亭則峙
其西望之翼然
御製詩劉井柯亭取次看著勝蹟也
自後堂而南有門直兩亭間牓曰敬一亭之門門
內曰敬一亭凡五楹北向中貯

聖祖御書賜陳廷敬龍飛鳳舞四字石刻一昇平嘉宴詩石刻一壁間龕石刻

皇上乾隆九年栢梁賡韻詩及東壁圖書府四十字分韻詩左右碑亭各一其舊有碑則明嘉靖間所頒敬一亭箴范浚心箴程子視聽言動四箴及當時臣工奉勅勒石所以識月日者也

自劉井而東有門門之内為清秘堂凡三楹南向中設

寶座
上臨幸時更衣於此上懸
御書集賢清秘額
謹按清秘堂先名東齋房學士等舊嘗宿齋其中
後以
賜額易今名詞臣歲時瞻仰以為寵光餘則扃鑰無敢
輒啟者
清秘堂之後有軒一楹扁以石名成樂軒堂之前

有亭牓曰瀛洲亭下有方池曰鳳凰池

謹按前明池水本通玉河其後湮塞今於劉井設轆轤穴地灌輸水瀧瀧從亭南螭吻中出水中荇藻交横文鱗游泳足嘉賞焉詞臣初入館院吏導之前曰此登瀛洲也

亭之南為寶善亭牓如之凡五楹中貯
御賜古今圖書集成一部

自柯亭而西為

先師祠凡三楹南向

上臨幸時

親詣行禮於此別遣學士一員祭昌黎祠

謹按明學士李東陽詩有采桑玉堂陰陰濃樹婆

娑之句今祠前古桑尚存當即東陽所賦

先師祠之南有門門内為西齋房凡五楹南向以編校

皇清文穎置館於此館之南為原心亭凡三楹北向亭

楣牓曰五雲多處亭中有牓如其名蓋雍正間奉

詔重葺者
詹事府
府署在玉河之東西向亦明代所建我
朝仍其舊制門三楹中有牓署如其名康熙十四年
所重立也門内南偏為土神祠
第二重為儀門三楹東西角門二為屋各五楹
自儀門甬道中垂花門入至堦大堂五楹在焉中
懸

聖祖御書德業仁義額
堂之南廳事三楹左右春坊官居之北廳事三楹
司經局官居之
堂之後為穿堂又後為退堂穿堂楹三退堂楹五
也
穿堂之南有廳事三楹為府中官僚視事之所
退堂之後為
先師祠凡三楹其旁為齋房凡四楹祠西向齋房南北

向各二也祠內有碑刻

聖祖康熙十六年所

賜御書存誠二字祠北有屋三楹為公座所祠前有古松

二株

署內春坊題名主簿廳題名碑各一

教習館

往時教習庶吉士未有專館就院中閒曠屋宇及

大堂廊廡居之以為肄業之所

世宗雍正十一年
特賜官房一區於正陽門内迤東當翰林院之西南相去
不一里面城南向門再重外門三楹牓曰
恩賜教習庶常館二門内左右為廂各三楹
堂三楹西向堂之側東西屋各一楹
堂後左右廂各三楹東楹為學掌廳其西楹吏人
居之
後為堂復五楹堂側東西屋如外制東西廂各有

樓上下各三楹

後堂之内復有樓凡五楹以貯

賜書

自中後堂為教習庶吉士之大臣講課之所餘東

西從房皆庶吉士居之

詞林典故卷七

欽定四庫全書

詞林典故卷八

題名

皇朝館選

順治三年丙戌科

傅以漸 山東聊城人　呂纘祖 直隸滄州人

李奭棠 順天大興人　多象謙 直隸阜城人

梁清寛 直隸真定人　胡兆龍 順天大興人

李若琛 順天大興人
黄志遴 福建晉江人
張嘉 浙江歸安人
石申 直隸欒州人
董篤行 河南洛陽人
李霨 直隸高陽人
胡之駿 江南山陽人
夏敷九 遼東蓋州衛人
傅維鱗 直隸靈壽人
王公選 陝西三原人
王炳昆 山東掖縣人
王士驥 順天大興人
朱之錫 浙江義烏人
常成賢 湖廣黄岡人
王無咎 河南孟津人
魏象樞 山西蔚州人

王一驥 山東蓬萊人　陸嵩 順天宛平人

魏裔介 直隸柏鄉人　陳爌 河南孟津人

杭齊蘇 山東聊城人　宋杞 順天大興人

董瓓 江南贛榆人　石維昆 直隸都水衛人

沙澄 山東萊陽人　單若魯 山東高密人

李培真 河南夏邑人　喬映伍 山西陽城人

張文明 順天大興人　楊思聖 直隸鉅鹿人

常居仁 山西樂平人　王舜年 山東掖縣人

王紫綬 河南祥符人　袁襜如 河南祥符人

沈兆行 浙江武康人　艾元徵 山東濟陽人

法若真 山東膠州人　藍滋 山東即墨人

楊運昌 河南河內人　劉澤芳 順天宛平人

張爾素 山西陽城人　傅作霖 河南登封人

張汧 山西高平人

順治四年丁亥科

呂宮 江南武進人　程芳朝 江南桐城人

蔣超 江南金壇人
周啟寯 江南宜興人
王大礽 江南桐城人
張弘俊 順天大興人
馮溥 山東臨朐人
馮右京 山西代州人
李昌垣 順天宛平人
卓爽 浙江武康人
黃機 浙江錢塘人
李目 河南商邱人
宋學洙 湖廣江陵人
鄧旭 江南壽州人
常若柱 陝西蒲城人
杜果 江西新建人
李中白 山西長治人
莊同生 江南武進人

孫自式 江南武進人　章雲鷺 順天宛平人
王熙 順天宛平人　朱士冲 湖廣潛江人
李廷樞 江南江寧人
順治六年己丑科
劉子壯 湖廣黄岡人　熊伯龍 湖廣漢陽人
張天植 浙江秀水人　成亮 直隸大名人
何采 江南江寧人　焦毓瑞 山東章邱人
王清 山東海豐人　張士甄 順天通州人

高光夔順天文安人　諸豫江南崑山人
張璿河南永寧人　葉樹德順天大興人
季開生江南泰興人　王紹隆浙江海寧人
朱廷璟陝西富平人　范廷元浙江鄞縣人
許纘曾江南上海人　李儀古直隸任邱人
范正脉河南修武人　劉嗣美河南陳留人
于朋舉江南金壇人　唐夢賚山東淄川人
莊朝生江南武進人　徐致覺江南六安州人

方懸成　江南桐城人

周　堃　江南吳縣人

林雲京　福建福清人

左敬祖　直隸河間人

胡　亶　浙江仁和人

張道湜　山西沁水人

楊旬瑛　福建晉江人

張　表　陝西朝邑人

安　煥　山東日照人

周體觀　順天遵化州人

姜圖南　順天大興人

黃元衡　山東即墨人

馬葉曽　浙江平湖人

吳正治　湖廣江夏人

曹本榮　湖廣黃岡人

周曽發　浙江慈溪人

郭一鶚河南洛陽人　徐必達貴州新貴人

朱綖江西進賢人

順治九年壬辰科是科

殿試滿漢進士各擢一甲三人並

授職館選

麻勒吉滿洲正黃旗人　折庫納滿洲鑲藍旗人

巴海滿洲鑲藍旗人　鄒忠倚江南無錫人

張永祺順天大興人　沈荃江南青浦人

賽沖阿滿洲正白旗人　吳爾祜滿洲正藍旗人

威洛洪滿洲正紅旗人

宋祖保滿洲鑲紅旗人

巴達禮蒙古正白旗人

塔筆圖滿洲鑲紅旗人

遲煌漢軍正白旗人

范承謨漢軍正白旗人

丁思孔漢軍鑲黃旗人

陳永命漢軍鑲白旗人

白乃貞陝西青澗人

方猶浙江遂安人

程邑江南上元人

楊紹先湖廣安陸人

湯斌河南睢州人

郭棻直隸清苑人

俞鐸江南泰州人

熊儕鶴江西豐城人

王勰 浙江秀水人　崔之瑛 順天霸州人

龔必第 福建晉江人　盧高 湖廣興國人

耿介 河南登封人　韓庭芑 山東青城人

金鋐 順天宛平人　余恂 浙江龍游人

吳宏安 江南桐城人　史彪古 江西鄱陽人

張應桂 山東膠州人　王紀 山西沁水人

周季琬 江南宜興人　曹爾堪 浙江嘉善人

張瑞徵 山東萊陽人　楊士烒 順天通州人

薛澐 福建侯官人　趙曰晃 江西新建人

楊永寧 山西聞喜人　王元曦 山東掖縣人

錢開宗 浙江仁和人　葉先登 福建長泰人

呂祖望 直隸滄州人　李昌祚 湖廣漢陽人

張晉 陝西狄道人　周奕封 江南宜興人

陳彩 廣東順德人　饒守栻 江西進賢人

汪煉南 湖廣黄岡人　陳子達 福建閩縣人

李文煌 湖南潁川衛人　侯于唐 陝西三原人

順治十二年乙未科殿試進士與壬辰同是科

圖爾宸人滿洲正白旗　查　親滿洲正紅旗人

索　泰人滿洲正白旗　史大成浙江鄞縣人

戴王綸直隸滄州人　秦　鉽江南長洲人

董　色人滿洲正紅旗　吳大鼐漢軍正紅旗人

莫洛洪人滿洲鑲紅旗　達爾布滿洲鑲藍旗人

陶必泰人漢軍鑲白旗　查　漢滿洲正藍旗人

曹申吉山東安邱人　劉芳躅順天宛平人

王命岳福建晉江人　宋德宜江南長洲人

陳鼓永浙江海寧人　徐元燦浙江海寧人

張松齡福建莆田人　沈世奕江南吳縣人

綦汝楫山東高密人　劉祚遠山東安邱人

田種玉順天宛平人　孫光祀山東歷城人

嚴沆浙江餘杭人　周震藻浙江嘉善人

馮源濟順天涿州人　李立山東大嵩衛人

鄧鍾麟江南江陰人　范廷魁浙江鄞縣人

胡簡敬江南沭陽人　伊闢山東新城人
党以讓陝西城固人　吳貞度江南宜興人
王澤宏湖廣黄岡人　王益朋浙江仁和人
田逢吉山西高平人　梁鋐陝西三原人
卭象升江南山陽人　項景襄浙江錢塘人
秦松齡江南無錫人　韓雄脩直隸高陽人

順治十五年戊戌科

孫承恩江南常熟人　孫一致江南鹽城人

吴國對 江南全椒人　馬晉久 浙江餘姚人
楊正中 順天通州人　王遵訓 河南西華人
吴珂鳴 江南武進人　富鴻業 福建晉江人
郭諫 山東福山人　王吉人 湖廣京山人
俞之琰 浙江桐鄉人　王封濚 湖廣黄岡人
王于玉 江南宜興人　陳廷敬 山西澤州人
沈振嗣 浙江餘姚人　蕭惟豫 山東德州人
彭之鳳 湖廣龍陽人　王曰高 山東茌平人

譚篆湖廣景陵人　田麟直隸籍遼東人

殷觀光順天宛平人　鄒度珙江西新建人

王颷昌山東高密人　呂顯祖山東濟寧人

王鍾靈山西聞喜人　陸懋廷浙江新城人

徐臻浙江秀水人　熊賜履湖廣孝感人

熊賜瓛湖廣孝感人　李天馥河南永城人

項嘉浙江秀水人　張貞生江西廬陵人

崔蔚林直隸新安人　吳本植直隸安平人

陳敬　順天通州人

順治十六年己亥科

徐元文　江南長洲人　華亦祥　江南無錫人

葉方藹　江南崑山人　朱訓誥　山東聊城人

陳景仁　浙江山陰人　鍾朗　浙江建德人

周訓成　山西安邑人　李為霖　江南興化人

周燦　陝西臨潼人　金國用　江南吳縣人

鄭日奎　江西貴溪人　馬大士　直隸濬縣人

曹鼎望 順天豐潤人　周漁 江南興化人

王勗 順天大興人　劉如漢 四川巴縣人

蔣繪 江南吳縣人　李平 浙江山陰人

陳元 山西澤州人　陳志紀 江南泰州人

翟世琪 山東益都人　羅繼謨 河南杞縣人

趙濟美 山東蒲臺人　許煒 浙江秀水人

鄭端 直隸棗强人　管愷 江西臨川人

蘓宣化 順天大興人　王追騏 湖廣黃岡人

楊維喬山東寧海州人

鄭為光江南儀真人

楊大鯤江南武進人

劉雯曠直隸滄州人

朱之佐順天大興人

朱錦江南上海人

戈英直隸獻縣人

唐寅清浙江武康人

劉元勳陝西咸寧人

詹養沈江南婺源人

翟延初山東益都人

盧乾元湖廣漢陽人

蔣宏道順天大興人

甯爾講直隸永年人

趙之符順天武清人

周之麟浙江蕭山人

順治十八年辛丑科

馬世俊江南溧陽人　李仙根四川遂寧人

吳光湖廣咸寧人　葉映榴江南上海人

鄭之諶湖廣咸寧人　申涵盼直隸永年人

張玉書江南丹徒人　朱世熙順天宛平人

劉芳喆順天宛平人　鄭開極福建侯官人

田喜霽山西馬邑人　王豫嘉陝西扶風人

徐誥武江南金壇人

康熙三年甲辰科

嚴我斯 浙江歸安人 李元振 河南柘城人

秦宏 江南無錫人 嚴曾榘 浙江餘杭人

吳元龍 江南婁縣人 汪肇衍 浙江錢塘人

諸定遠 江南崑山人 楊鍾岳 廣東揭陽人

黄彥博 浙江仁和人 胡士著 江南江寧人

熊一瀟 江西南昌人 吳遠 浙江仁和人

程文彝 江南婁縣人 勞之辨 浙江石門人

陳論浙江海寧人　車萬育湖廣邵陽人

李棠廣西臨桂人　衛既齊山西猗氏人

康熙六年丁未科

繆彤江南吳縣人　張玉裁江南丹徒人

董訥山東平原人　夏沅江南丹徒人

張英江南桐城人　史鶴齡江南溧陽人

盧琦浙江仁和人　謝兆昌浙江定海人

劉澤溥河南林縣人　唐朝彝福建平和人

丁 蕙江西豐城人　潘翹生江西南城人

楊仙枝山西寧海衛人　儲 振江南宜興人

王曰温河南鄢陵人

康熙九年庚戌科

蔡啓僔浙江德清人　孫在豐浙江歸安人

徐乾學江南崑山人　李光地福建安溪人

耿願魯山東館陶人　陳 瑄四川大行人

李録予順天大興人　王 寛山西安邑人

王掞江南太倉人　黄斐浙江鄞縣人
孟亮揆江南長洲人　陳夢雷福建侯官人
趙文煚山東膠州人　高璜漢軍鑲黄旗人
王維珍漢軍鑲藍旗人　許孫荃江南合肥人
祖文模順天大興人　李阜浙江山陰人
朱典江南吳縣人　李振裕江西吉水人
吳本立江南武進人　劉恒祥直隸蠡縣人
張鵬翮四川遂寧人　孔興釪山東曲阜人

德格勒 滿洲鑲藍旗人　牛鈕 滿洲正藍旗人

李玠 漢軍正白旗人　博濟 滿洲正藍旗人

李夢庚 漢軍鑲白旗人　沈獨立 漢軍正黄旗人

康熙十二年癸丑科

韓菼 江南長洲人　王鴻緒 江南婁縣人

徐秉義 江南崑山人　顧汧 順天大興人

黄士塤 浙江石門人　陸祚蕃 浙江平湖人

蔣仲達 福建長樂人　宫夢仁 直隸静海人

蔣伊江南常熟人　丁廷楗山西安邑人
顔光猷山東曲阜人　謝于道浙江鄞縣人
顧祖榮順天宛平人　周昌漢軍鑲藍旗人
馬鳴鑾江南崑山人　徐倬浙江德清人
韓竹江南天長人　羅秉倫江南江寧人
繆錦宣江南吳縣人　沈印城浙江秀水人
王允琳漢軍鑲藍旗人　李基和漢軍鑲紅旗人
徐潮浙江錢塘人　汪鶴孫浙江錢塘人

董誾江南吳縣人　徐元夢滿洲正白旗人

韓士修四川瀘州人　田成玉順天大興人

王鼎晃山東濰州人　王尹方山西安邑人

曾寅江西清江人　李柟江南崑山人

龔章廣東歸善人　張志棟山東昌邑人

唐四表河南睢州人

康熙十五年丙辰科

彭定求江南長洲人　胡會恩浙江德清人

翁叔元江南常熟人　魏希徵山東鄆城人

沈三曾浙江烏程人　沈涵浙江歸安人

顧藻江南崇明人　彭會淇江南溧陽人

熊賜瓚湖廣孝感人　沈旭初江南崑山人

李應薦山東日照人　楊瑄江南婁縣人

高聯順天大興人　高裔順天宛平人

馮雲驌山西振武衛人　許承宣江南江都人

潘沐浙江仁和人　李濤山東德州人

張榕端 河南磁州人
陳錫嘏 浙江定海人
王化鶴 河南武陟人
史珥 山西武鄉人
費之逵 浙江歸安人
楊作楨 山西絳州人
王瑞 江南上元人
鄭際泰 廣東番禺人
閻世繩 山東昌樂人
卞永寧 漢軍正白旗人
徐必遴 貴州新貴人
沈一揆 奉天寧遠州人
楊爾淑 直隸新安人
高琯 漢軍鑲黃旗人
李雲龍 江西豐城人
方韓 浙江遂安人

王吉相陝西邠州人

康熙十八年己未科

歸允肅江南常熟人　孫卓江南宣城人

茆薦馨浙江長興人　吳震方浙江仁和人

張廷瓚江南桐城人　秦宗游浙江山陰人

田需山東德州人　陳捷浙江新昌人

趙執信山東益都人　曹鑑倫浙江嘉善人

馬教思江南桐城人　劉果實直隸滄州人

沈朝初 江南吳縣人　楊大鶴 江南武進人

陸祖修 江南青浦人　方伸 江南南陵人

陸輿 江南宜興人　李孚青 河南永城人

余艷雪 廣東澄海人　王沛思 山東諸城人

丁瑋 山東霑化人　莊延裕 福建閩縣人

汪晉徵 江南休寧人　王承祜 貴州新貴人

宋敏求 湖廣黃梅人　潘應賓 山東濟寧人

顧鐔 浙江石門人　梁引 江西泰和人

陳紫芝浙江鄞縣人　張克嶷山西聞喜人
張光豸直隸南宫人　盧　熙陝西鳳翔人
任　璿河南新鄉人　趙作舟山東東平人
楊　雍順天寶坻人

康熙十八年己未博學宏詞科

一等彭孫遹編修　浙江海鹽人　倪　燦檢討　江南上元人
進士主事　舉人
張　烈編修　順天大興人　汪　霦編修　浙江錢塘人
進士中書舍人　進士行人司行人
喬　萊編修　江南寶應人　王頊齡編修　江南華亭人
進士中書舍人　進士太常寺博士

李因篤　檢討　陝西富平人　布衣
秦松齡　檢討　江南無錫人　進士原任檢討
周清原　檢討　江南武進人　監生
陳維崧　檢討　江南宜興人　生員
徐嘉炎　檢討　浙江秀水人　監生
陸棻　編修　浙江平湖人　進士內閣典籍
馮勗　檢討　江南長州人　布衣
錢中諧　編修　順天昌平人　進士瀘溪知縣
汪楫　檢討　江南休寧人　教諭
袁佑　編修　直隸東明人　拔貢生中書舍人
朱彝尊　檢討　浙江秀水人　布衣
湯斌　侍講　河南睢州人　進士參政道
汪琬　編修　江南長洲人　進士主事
邱象隨　檢討　江南山陽籍　湖廣宣城人拔貢生

二等

李來泰　侍講　江西臨川人　進士參議道
潘耒　檢討　江南吳縣人　布衣

沈珩 編修 進士中書舍人 浙江海寧人
施閏章 侍講 進士參議道 江南宣城人

米漢雯 編修 進士行取主事 直隸安化人
黃與堅 編修 進士知縣 江南太倉人

李鎧 編修 進士知縣 江南山陽人
徐釚 檢討 監生 江南吳縣人

沈筠 編修 進士 浙江仁和人
周慶曾 編修 進士候補主事 江南常熟人

尤侗 檢討 拔貢生推官 江南長洲人
范必英 檢討 舉人 江南長洲人

崔如岳 檢討 舉人 直隸獲鹿人
張鴻烈 檢討 廩監生 江南山陽人

方象瑛 編修 進士候選中行評博 浙江遂安人
李澄中 檢討 拔貢生 山東諸城人

吳元龍 侍講 進士郎中 江南華亭人
龐塏 檢討 舉人 直隸任邱人

毛奇齡　檢討　浙江蕭山人　廪監生
錢金甫　檢討　江南上海人　舉人
吳任臣　檢討　浙江仁和人　生員
陳鴻績　檢討　浙江鄞縣人　舉人知縣
曹宜溥　檢討　湖廣黄岡籍江西東鄉人廪生
毛升芳　檢討　浙江遂安人　拔貢生
曹　禾　編修　江南江陰人　進士中書舍人
黎　騫　檢討　江西清江人　貢生
高　詠　檢討　江南宣城人　貢生
龍　燮　檢討　江南望江人　監生
邵遠平　侍讀　浙江仁和人　進士光禄寺少卿
嚴繩孫　檢討　江南無錫人　布衣

康熙二十一年壬戌科

蔡升元　浙江德清人
吳　涵　浙江石門人

彭寧求江南長洲人　史夔江南溧陽人
王九齡江南婁縣人　吳一蜚福建長泰人
王喆生江南青浦人　孫岳頒江南吳縣人
吳晟江南山陽人　張禹玉山東萊陽人
沈愷曾浙江歸安人　許汝霖浙江海寧人
余泰来浙江山陰人　周金然浙江山陰人
尤珍江南長洲人　劉國黼江南寶應人
張廷樞陝西韓城人　阮爾詢江南宣城人

朱珊 江西高安人　金德嘉 湖廣廣濟人

吳苑 江南歙縣人　周蒲璧 陝西商州人

曾炳 福建漳平人　路元升 直隸曲周人

潘麟生 江南溧陽人　袁拱 河南洛陽人

李復泌 山西大寧人　王思軾 江西興國人

胡作梅 湖廣荆門州人　魯德升 浙江會稽人

武維寧 陝西華州人　許嗣隆 江南如臯人

王紳 河南睢州人　姚文元 直隸前衛人

黄　軒順天大興人

康熙二十四年乙丑科

陸肯堂江南長洲人　陳元龍浙江海寧人

黄夢麟江南溧陽人　張希良湖廣黄安人

甯世簪江南潁州人　許承家江南江都人

沈辰垣浙江嘉善人　仇兆鰲浙江鄞縣人

宋大業江南長洲人　李殿邦湖廣孝感人

徐元正浙江德清人　汪　灝山東臨清人

謝陳常山西臨晉人　宋衡江南廬江人
高曜江南婁縣人　馮瑞江南婁縣人
汪薇江南歙縣人　許賀来雲南石屏州人
鄭崑瑛山西文水人　陳遷鶴福建龍巖人
李懋山東壽光人　吳之瑜陝西隴州人
魏男直隸柏鄉人　俞長城浙江桐鄉人
安贇山東壽光人　樊澤達四川宜賓人
王之樞直隸定州人　吳垣河南寶豐人

魯瑗江西新城人　宋如辰湖廣黄安人

李朝鼎廣東東安人　鄧咸齊廣西全州人

劉坤河南睢州人　梅之珩江西南城人

張明先湖廣安鄉人　劉涵陝西涇陽人

劉偉直隸灤州人　孫襄山東德州人

康熙二十七年戊辰科

沈廷文浙江秀水人　查嗣韓浙江海寧人

張豫章江南青浦人　范光陽浙江鄞縣人

查　昇浙江海寧人　吳世壽江南高郵人
沈宗敬江南婁縣人　湯右曾浙江仁和人
姚士藟江南桐城人　劉　灝陝西涇陽人
張尚瑗江南吳縣人　王　懿山東膠州人
張　復直隸保定衛人　史　伸江南江都人
彭殿元江西廬陵人　郝士鈞順天霸州人
李本涵山東大嵩人　孫致彌江南嘉定人
陳　綍山西猗氏人　梁佩蘭廣東南海人

凌紹雯浙江仁和人　甯克勤河南柘城人

陳大章湖廣江夏人　彭始摶河南鄧州人

施震銓江南吳縣人　李斯義山東長山人

顏光斆山東曲阜人　鄒士璁湖廣麻城人

林文英福建侯官人　葉渟江南崑山人

鄭梁浙江慈溪人　潘宗洛江南宜興人

宋朝楠陝西隴西人　王翰雲南宜良人

徐日暄江西高安人　范光宗陝西郃陽人

高人龍 四川梁山人

康熙三十年辛未科

戴有祺 江南金山衛人　吳　昺 江南全椒人

黃叔琳 順天大興人　楊中訥 浙江海鹽人

張　昺 江南金山衛人　姚宏緒 江南婁縣人

陳汝咸 浙江鄞縣人　張　瑗 江南祁門人

姜　遴 江南華亭人　惠周惕 江南吳縣人

王奕清 江南太倉人　狄　億 江南溧陽人

潘從律 江南溧陽人　張孝時 江南吳縣人
胡潤 湖廣通山人　戴紱 浙江烏程人
金潮 福建侯官人　江球 江西金溪人
楊名時 江南江陰人　王傳 江西鄱陽人
冉覲祖 河南中牟人　王者臣 山東沂州人
李燕生 山西崞縣人　閻錫爵 河南固始人
阿金 滿洲鑲白旗人　張壽嵩 陝西平涼人
姜承爋 浙江山陰人　張曾慶 陝西華州人

毛鷴 河南孟縣人
李象元 廣東澄海人
胡麟徵 漢軍鑲紅旗人
張翔鳳 四川富順人
喀爾喀 滿洲正白旗人
文志鯨 湖廣桃源人
劉琰 山東陽穀人
何龍文 福建晉江人

康熙三十三年甲戌科

胡任輿 江南上元人
顧圖河 江南江都人
顧悅履 浙江海寧人
汪倓 江南吳縣人
汪滏 江南歙縣人
李暄亨 直隸蔚縣人

裴之仙江南丹徒人　龔鐸順天大興人
王楨江南華亭人　熊葦順天涿鹿人
陳成永浙江錢塘人　陳瑋江南長洲人
張逸少江南丹徒人　周道新順天大興人
陳豫朋山西澤州人　叢澍江南江寧人
張大有陝西郃陽人　袁鍾麟河南睢州人
黄龍眉浙江海寧人　楊顒陝西華州人
陳恂浙江錢塘人　阿錫台滿洲鑲白旗人

岳度四川南江人　朱輝珏山東聊城人
陳允恭廣西平樂人　傅森滿洲鑲白旗人
張德桂廣東從化人　拉都立滿洲鑲黃旗人
黃中理湖廣善化人　周起渭貴州新貴人
吳隆元浙江仁和人　五哥滿洲鑲黃旗人
海寶滿洲鑲白旗人　覺羅滿寶滿洲正黃旗人
陳守創江西高安人　管灝雲南新興人
趙爾孫直隸鹽山人　吳甫生湖廣興國人

高其倬漢軍鑲白旗人　朱軾江西高安人

法海滿洲鑲黃旗人　殷元福河南新鄉人

康熙三十六年丁丑科

李蟠江南徐州人　嚴虞惇江南華亭人

姜宸英浙江慈溪人　汪士鋐江南吳縣人

徐樹本江南崑山人　車鼎晉湖廣邵陽人

陳壯履山西澤州人　王誥江南江都人

桑額滿洲鑲黃旗人　李鳳翥江西建昌人

周燮 江南婁縣人
陳至言 浙江蕭山人
余正健 福建古田人
查賫 滿洲鑲藍旗人
許琳 山西曲沃人
趙宸黼 雲南河陽人
朱啓昆 湖廣漢陽人
吳宗豐 湖廣漢陽人
張元臣 貴州銅仁人
吳文炎 順天大興人
阿爾賽 滿洲鑲藍旗人
孔尚先 山東寧海人
李林 廣東翁源人
甄貽 山西平定人
蔡珽 漢軍正白旗人
李周望 山西蔚州人

常格滿洲正白旗人　鐵範金奉天承德人

郭于藩四川富順人　李甡麟山東武定人

李紹周河南濟源人　阿進泰滿洲鑲黃旗人

福敏滿洲鑲白旗人　歐陽齊江西廬陵人

康熙三十九年庚辰科

汪繹江南常熟人　季愈江南寶應人

王露河南柘城人　張成遇廣東番禺人

徐昂發江南長洲人　嚴宗溥福建閩縣人

董　麒　江南長洲人　許　穀　江南常熟人

高　輿　浙江錢塘人　李　楷　浙江桐鄉人

王開泰　湖廣江夏人　查嗣瑮　浙江海寧人

楊尤奇　山西沁州人　蔡　彬　浙江德清人

勵廷儀　直隸靜海人　梁棠陰　陝西涇陽人

李夢禹　山西大同人　文　岱　滿洲鑲黄旗人

李　棟　山東德州人　史貽直　江南溧陽人

方　辰　順天大興人　介孝瑹　山西解州人

韓遇春陝西清水人　王允猷漢軍正藍旗人

董新策四川合江人　董玘雲南通海人

閻愉山東昌樂人　王士儀貴州銅仁人

晁子管江西臨川人　周士佃湖廣江夏人

魏方泰江西廣昌人　瓦爾達滿洲正紅旗人

韓孝基江南長洲人　劉師恕江南寶應人

盛度江南靖江人　陳鵬鷹廣東程鄉人

李薛河南夏邑人　覺羅逢泰滿洲正黃旗人

張廷玉江南桐城人　王景曾順天宛平人

郭　杞陜西耀州人　張象蒲山西臨汾人

高其偉漢軍鑲白旗人　年羹堯漢軍鑲黄旗人

陳若沂廣西臨桂人　戴　寬直隸滄州人

康熙四十二年癸未科

王式丹江南寶應人　趙　晉福建閩縣人

錢名世江南武進人　汪　灝江南休寧人

查慎行浙江海寧人　何　焯江南長洲人

蔣廷錫江南常熟人　吳廷楨江南長洲人

陳邦彥浙江海寧人　薄有德順天大興人

汪文烱江南休寧人　陳世倌浙江海寧人

吳瞻淇江南歙縣人　汪份江南長洲人

潘體震山東樂陵人　廖賡謨江南華亭人

陸秉鑑江南吳縣人　涂天相湖廣孝感人

萬經浙江鄞縣人　高徐基浙江海寧人

朱書江南宿松人　林祖望福建閩縣人

俞梅 江南泰州人　宋至 河南商邱人

章藻功 浙江錢塘人　伊泰 滿洲鑲白旗人

楊緒 湖廣武陵人　劉巖 江南江浦人

王邁 江西德興人　馬如為 雲南元江人

西庫 滿洲正紅旗人　王居建 直隸開州人

劉圻 山東萊陽人　吳璉 浙江常山人

趙徵介 江南常熟人　謝履忠 雲南昆明人

柯喬年 河南固始人　耿古德 滿洲正黃旗人

劉祖任陕西綏德人　趙泰臨山東膠州人

王士鑰漢軍鑲藍旗人　董泰滿洲鑲黄旗人

楊萬程漢軍正黄旗人　李天祥直隸永年人

蔣肇廣西永寧人　阿進泰滿洲鑲白旗人

吳相福建寧洋人　李士禎陕西涇陽人

李堂順天大興人　鄭為龍山西文水人

才住滿洲正藍旗人　萬民欽貴州清平人

康熙四十五年丙戌科

王雲錦江南無錫人　呂葆中浙江石門人
賈國維江南高郵人　俞兆晟浙江海鹽人
吴士玉江南吴縣人　彭廷訓江西南昌人
喬崇烈江南寶應人　蔡學洙江南江寧人
鄒奕鳳江南無錫人　林之濬福建惠安人
顧東直江南長洲人　趙士英雲南昆明人
沈翼機浙江海寧人　俞長策浙江桐鄉人
吴關杰浙江石門人　戴思納山東掖縣人

嵇曾筠江南無錫人　熊本江西南昌人
楊開沅江南山陽人　宫鴻歴直隸静海人
莊令輿江南武進人
索泰滿洲鑲黄旗人　鄭任鑰福建侯官人
王謩江南太倉人　湯之旭河南睢州人
衛昌績山西陽城人　賈兆鳳江南高郵人
陳均江南江陰人　劉青藜河南襄城人
彭維新湖廣茶陵人　錢榮世江南武進人

李鍾峩 四川通江人
馬豫 陝西綏德人
諸起新 浙江餘姚人
張懋能 江西奉新人
王思訓 雲南昆明人
李掌圜 山東陽信人
史尚節 浙江仁和人
潘楷 湖廣華容人
李日更 山東棲霞人
杭宜禄 滿洲正紅旗人
常生 滿洲正白旗人
韓鳳聲 陝西涇陽人
洪晨孚 廣東海豐人
王珻 山西盂縣人
蔣綱 廣西全州人
壽致潤 浙江諸暨人

謝王寵陝西寧夏人　尚彤庭陝西長武人

徐能容江西南城人　周　俊貴州貴陽人

楊　標浙江海鹽人

康熙四十八年己丑科

趙熊詔江南武進人

繆　沅江南泰州人　朱元英江南上元人

儲在文江南宜興人　陳隨貞山西澤州人

徐　斌江南上元人　戚麟祥浙江德清人

阿克敦 滿洲正藍旗人　須洲 江南武進人
張起麟 江南華亭人　李紱 江西臨川人
朱一鳳 順天涿州人　惠士奇 江南吳縣人
路仍起 江南宜興人　徐用錫 江南宿遷人
李中 河南雎州人　秦道然 江南無錫人
孫時宜 江南武進人　方覲 江南江都人
蔡世遠 福建漳浦人　陳似源 廣東順德人
唐紹祖 江南江都人　朱青選 江南泰興人

鄒汝模湖廣麻城人　蔣漣江南常熟人
于廣山東膠州人　閻圻河南虞城人
吕謙恒河南新安人　汪倬江南休寧人
宋筠河南商邱人　黎致遠福建長汀人
張照江南婁縣人　顧五達浙江海寧人
馬益陜西綏德人　李同聲山西大同人
盧軒浙江海寧人　陸紹琦浙江嘉興人
張玢湖南湘潭人　謝履厚雲南昆明人

劉大載山東長山人　何世璂山東新城人
王時憲江南太倉人　徐士鷺浙江海鹽人
曹如琯陝西同州人　崔燦直隸遷安人
程溉湖廣景陵人　邱尚志江西寧都人
李應綬雲南河陽人　范令輿河南修武人
曾謹湖廣麻城人　詹銓吉浙江遂安人
張作舟廣東大埔人　濮起熊貴州青鎮人
嚴思位浙江平湖人　陶成江西南城人

黃越江南上元人　黃音江南無錫人
王承烈陝西涇陽人　周鳳来廣東海陽人
高維新直隸寧晋人　朱綸順天通州人
陳會四川營山人　張大受江南嘉定人
曹掄彬貴州黃平人　鄧葵友廣西全州人
車松滿洲鑲白旗人
康熙五十一年壬辰科
王世琛江南長洲人　沈樹本浙江歸安人

徐篠光 江南吳江人
卜俊民 江南武進人
曹鳴 江南金壇人
李鍾僑 福建安溪人
陶貞一 江南常熟人
劉於義 江南武進人
潘允敏 江南溧陽人
王圖炳 江南華亭人
鄂爾奇 滿洲鑲藍旗人
楊士徽 江南武進人
何國宗 順天大興人
秦靖然 江南無錫人
田嘉穀 山西陽城人
徐雲瑞 浙江錢塘人
馮汝軾 江南吳縣人
許鎮 浙江德清人

俞鴻圖浙江海鹽人　杜詒江南無錫人
鮑開江南常熟人　孟班山東沂州人
楊祖楫江南武進人　何應鰲江南當塗人
林昂福建侯官人　顧嗣立江南長洲人
王澍江南金壇人　狄貽孫江南溧陽人
徐杞浙江錢塘人　易簡四川酆都人
滕紹文江西新昌人　周天祜湖廣江夏人
程夢星江南江都人　溥海順天大興人

春山滿洲正白旗人　秦休陝西郃陽人

周金簡江南無錫人　王時鴻江南華亭人

喬時适河南寧陵人　董宏江南青浦人

周彬雲南昆明人　郭孫順江南吳縣人

錢廷獻浙江仁和人　楊湝江南江都人

沈世屏浙江錢塘人　夏慎樞江南丹徒人

陳王謨江南吳江人　舒大成順天大興人

覺羅名昌滿洲正黃旗人　胡煦河南光山人

李如璐直隸新安人　徐依江南武進人
張淳山東武定人　湯大輅江南江陰人
莫與及河南洛陽人　白子雲陜西清澗人
魯立江西新城人　王夢旭貴州平越人
林景扳廣東普寧人　王遵扆江南太倉人
謝濟世廣西全州人　鄭之僑四川仁懷人
張旭雲南呈貢人　劉蛟貴州都勻人
孫詒陜西涼州人　鄭其儲湖廣石首人

潘　祥陝西靖遠人　王　晦江南嘉定人
戈懋倫直隸獻縣人
康熙五十二年癸巳科
王敬銘江南嘉定人　任蘭枝江南溧陽人
魏廷珍直隸景州人　楊繩武江南吳縣人
劉自潔直隸武强人　孫見龍浙江烏程人
許王猷浙江嘉善人　萬承蒼江西南昌人
吳　襄江南青陽人　徐　駿江南長洲人

蔡嵩 江南上海人　陳治滋 福建閩縣人

景考祥 河南汲縣人　馮暠 江南長洲人

劉嵩齡 直隸寶坻人　王奕仁 江南婁縣人

蔣洽秀 廣西永寧人　李元正 山東高密人

喬學尹 山西猗氏人　劉泌 陝西涇陽人

莊楷 江南武進人　蔣繼軾 江南江都人

王希曾 江南崇明人　唐建中 湖廣景陵人

屠洵 湖廣孝感人　曹鑑臨 江南婁縣人

厲煌浙江會稽人　張縉陝西韓城人
世禄滿洲正紅旗人　姚三辰浙江仁和人
梅廷對江西南城人　潘述祖江西上高人
張珍浙江仁和人　孫嘉淦山西興縣人
陳春英廣東澄海人　何人龍江西廣昌人
陳世侃浙江海寧人　史在甲浙江鄞縣人
吳孝登漢軍鑲白旗人　朱曙蓀四川嘉定人
陳法貴州安平人　向日貞四川成都人

蘇彤紹廣東潮陽人　張漢雲南石屏人
朱天保滿洲鑲白旗人　徐流謙順天大興人
文大漳廣西灌陽人　莊論廣東海陽人
賈甡河南葉陽人　張元懷直隸宣化人
鞏建豐陝西伏羌人　臧爾心山西太平人
王國棟漢軍鑲黄旗人　吴琳江西浮梁人
胡安河南襄城人　王運元貴州銅仁人

康熙五十四年乙未科

徐陶璋 江南崑山人
繆日藻 江南吳縣人
傅王露 浙江會稽人
李文銳 江南長洲人
張應造 江南吳縣人
吳應棻 浙江歸安人
任中柱 河南涉縣人
汪受祺 浙江錢塘人
蔡衍誥 福建漳浦人
陳　儀 順天文安人
李　錦 江南長洲人
李克敬 山東嶧縣人
梅瑴成 江南宣城人
胡彥穎 浙江德清人
懷淵中 浙江嘉興人
陳邦直 浙江海寧人

楊超曾湖廣武陵人　曹友夏江南金壇人

湯倓江西南豐人　李鳳岐江西南豐人

張鳴鈞浙江烏程人　楊克茂山西忻州人

朱瑋福建閩縣人　張鱗甲直隸新安人

趙城雲南通海人　成文滿洲正白旗人

凌如煥江南上海人　侯度四川營山人

李天寵福建南安人　裘璉浙江慈溪人

江濟浙江黄巖人　楊鳳岡四川新都人

栗爾璋 陝西寧夏人　德齡 滿洲鑲黃旗人

關暾 廣東東莞人　竇啓瑛 漢軍正白旗人

宋懷金 河南商邱人　沈竹 漢軍正白旗人

薩綸錫 雲南楚雄人　吳傳覲 廣東南海人

蔣林 廣西全州人　陳世仁 浙江海寧人

冀棟 直隸永平人　徐學柄 江南上海人

高新喬 直隸靜海人　潘淳 貴州平遠人

德新 滿洲鑲黃旗人

康熙五十七年戊戌科

汪應銓江南常熟人　張廷璐江南桐城人

沈錫輅浙江仁和人　金以成浙江仁和人

潘翰浙江山陰人　查祥浙江海寧人

陳萬策福建晉江人　李志流江西建昌人

崔紀山西蒲州人　葉長楊江南吳縣人

董俊順天涿州人　張夢徵江南華亭人

徐本浙江錢塘人　習寯江南吳縣人

吳家騏浙江桐鄉人　顧仔江南安東人
曹源郊浙江嘉善人　許均福建閩縣人
伊爾敦滿洲鑲紅旗人　鄒升恒江南無錫人
宋照江南長洲人　蕭宸捷廣東大埔人
曾元邁湖廣景陵人　沈承烈江南華亭人
徐大枚漢軍正藍旗人　顧祖鎮江南吳縣人
劉丕謨順天文安人　楊爾德浙江嘉善人
黃鴻中山東即墨人　張煒福建侯官人

杜藻河南封邱人　夏開衡浙江烏程人

吳濤浙江仁和人　楊椿江南武進人

李天龍湖廣湘潭人　沈嘉麟奉天寧遠人

李蘭直隸樂亭人　鄭江浙江錢塘人

王瓚貴州貴筑人　康忱山西興縣人

胡瀛四川宜賓人　嚴文在江南建平人

徐聚倫浙江仁和人　劉運鯒江南南陵人

張爍陝西綏德人　李士元陝西蒲城人

鄭嬉山西五臺人　任際虞江西上高人
覺羅思強滿洲正黄旗人　蔡曰進陝西泰安人
卿悦廣西灌陽人　王夢堯貴州平越人
李洵廣西蒼梧人　李根雲雲南趙州人
嚴瑞龍四川閬中人　解震泰陝西寧夏人
雷天鐸湖廣羅田人　劉燦山西盂縣人

康熙六十年辛丑科

鄧鍾岳山東東昌人　吳文煥福建長樂人

程元章河南上蔡人　王蘭生直隸交河人

黄之雋江南華亭人　俞鴻馨浙江海鹽人

姚世榮浙江仁和人　邵基浙江鄞縣人

姜邵湘浙江錢塘人　魯曾煜浙江會稽人

姚之駰浙江錢塘人　靖道謨湖廣漢陽人

邵泰順天大興人　楊廷選福建同安人

鄒世楠江南吳縣人　李鍼直隸盧龍人

王歛福山東諸城人　錢陳羣浙江嘉興人

沈起元江南太倉人　蔣恭棐江南長洲人

勵宗萬直隸靜海人　留保滿洲鑲黃旗人

謝道承福建閩縣人　俞元祺浙江仁和人

夏力恕湖廣孝感人　覺羅恩壽滿洲鑲紅旗人

吳端升江南武進人　姜任修江南如皋人

梁機江西太和人　儲大文江南宜興人

吳啓昆江南江寧人　李光墺福建安溪人

馮詠江西荊溪人　楊夢琰江南丹徒人

吳栻 江南武進人　馮謙 江南金壇人

崔乃鏞 陝西同官人　唐繼祖 江南江都人

宋在詩 山西安邑人　楊魁甲 陝西寧夏人

司馬顥文 浙江鄞縣人　張符驤 江南泰州人

夏立中 湖廣孝感人　侯來旋 陝西郃陽人

王克宏 順天宛平人　趙笏 直隸寧津人

陸奎勳 浙江平湖人　王溥 浙江錢塘人

楊纘緒 廣東澄海人　程仁圻 貴州廣順人

王士俊 貴州平越人　喬世臣 山東淄陽人

何朗 雲南石屏人　黃秀 湖廣巴陵人

屠用謙 湖廣孝感人　李梅賓 廣西臨桂人

王恕 四川安居人　關上進 廣東新寧人

黃煥章 福建晉江人　曹涵 順天武清人

萬繩祜 湖廣麻城人　董思恭 山東壽光人

李開葉 福建福州人　晏斯盛 江西新喻人

李先枝 四川蒼溪人

雍正元年癸夘科

于振江南金壇人　戴瀚江南上元人

楊炳湖廣鍾祥人　張廷珩江南桐城人

沈淑江南常熟人　劉吳龍江西南昌人

戴永椿浙江仁和人　徐以升浙江德清人

嚴民法浙江歸安人　焦祈年山東章邱人

張江江西南城人　周學建江西新建人

張廷瑑江南桐城人　昌齡滿洲鑲白旗人

李徵臨　山東德左衛人

沈榮仁　浙江歸安人

李端　廣東程鄉人

尹繼善　滿洲鑲黃旗人

李徽　山西崞縣人

黃元鐸　順天大興人

鄒光濤　江南武進人

繆曰芑　江南吳縣人

吳王垣　江南華亭人

何玉梁　浙江錢塘人

胡蛟齡　江南涇縣人

馬金門　山東蓬萊人

許焞　浙江海寧人

沈文豪　浙江錢塘人

沈懋華　江南太倉人

薄履青　江南江寧人

倪師孟浙江歸安人　顏希聖廣東連平人

胡香山江南如臯人　黄　祐江西新城人

陶正中江南無錫人　嵩　壽滿洲正黄旗人

陶士僙湖廣寧鄉人　范　咸浙江仁和人

王喬林浙江錢塘人　劉敬輿福建福清人

保　良滿洲鑲藍旗人　陳齊實廣西平樂人

盧生薰陜西鎮番衛人　王又樸直隸天津人

席　釗江南常熟人　陳宏謀廣西臨桂人

李　淮直隷高邑人　王步青江南金壇人
喀爾欽滿洲鑲黄旗人　張仕遇江南華亭人
張　考山西夏邑人　高　山山東歷城人
吳大受浙江歸安人　俞來求江南太倉人
李　桐山東大嵩人　楊臚賜雲南石屏人
萬承岑江西南昌人　顧　海貴州黎平人
張若涵江南桐城人　牧可登蒙古正白旗人
雍正二年甲辰科

陳悳華直隸安州人　王安國江南高郵人

汪德容浙江錢塘人　汪由敦浙江錢塘人

徐煥然浙江海寧人　趙大鯨浙江仁和人

于枋江南金壇人　范燦浙江秀水人

吳應枚浙江歸安人　張泰基江南太倉人

程恂江南休寧人　諸錦浙江秀水人

蔣振鷺浙江平湖人　王峻江南常熟人

潘思榘江南武進人　金相湖北孝感人

吳龍應 江南武進人　陳浩 順天昌平人

周長發 浙江會稽人　陳璟 浙江錢塘人

謝朋庚 江南江都人　王泰甡 江西新淦人

周廷燮 江南吳縣人　開泰 滿洲正黃旗人

李重華 江南吳江人　朱陵 江南歙縣人

李清植 福建安溪人　吳延熙 浙江烏程人

趙晃 順天武清人　周吉士 江南婁縣人

程光鉅 湖北孝感人　顧贇 江南無錫人

嚴源燾浙江嘉善人　楊士鑑山東即墨人

吳兆雯江南青陽人　朱良裘江南上海人

劉統勲山東諸城人　恒德滿洲正紅旗人

王廷琬順天宛平人　徐天麟浙江秀水人

舒明滿洲正黄旗人　張聖訓漢軍鑲白旗人

熊暉吉江西新昌人

雍正五年丁未科

彭啓豐江南長洲人　鄧啓元福建德化人

馬宏琦　江南通州人　鄒一桂　江南無錫人

于辰　江南金壇人　莊柱　江南武進人

錢本誠　江南太倉人　王丕烈　江南青浦人

劉復　江南武進人　周祖榮　漢軍鑲紅旗人

佘棟　江西宜黃人　張鵬翀　江南嘉定人

張灝　順天宛平籍浙江錢塘人　李實蕡　福建漳浦人

林璁　直隸永年人　王雲銘　山東武定人

金相　直隸天津人　原東戴　陝西蒲城人

王承堯山西沁水人　繆煥雲南昆明人

李學裕河南洛陽人　劉東寧順天大興人

李直廣東程鄉人　劉青芝河南襄城人

陳師儉山西澤州人　許琰福建同安人

富魁滿洲鑲藍旗人　世臣滿洲正白旗人

王植山東諸城人　周紹龍福建侯官人

周龍官江南山陽人　楊嗣璟廣西臨桂人

王興吾江南華亭人　包承永貴州貴筑人

郭石渠貴州安化人　陳其嵩湖廣衡山人
隋人鵬山東萊陽人　常保住滿洲正紅旗人
呂熾廣西臨桂人　張乾元四川營山人

雍正八年庚戌科

周霽浙江錢塘人　沈昌宁浙江秀水人
梁詩正浙江錢塘人　顧成天江南婁縣人
胡宗緒江南桐城人　蔣溥江南常熟人
吳華孫江南歙縣人　鍾衡浙江長興人

倪國璉浙江仁和人　孫人龍浙江烏程人
周範蓮江南長洲人　陶正靖江南常熟人
王文璿浙江錢塘人　沈慰祖江南吳縣人
楊廷棟江南宣城人　林蒲封廣東東莞人
鹿邁祖直隸定興人　毛之玉江南太倉人
商盤浙江會稽人　徐景曾江南武進人
裘肇煦浙江仁和人　鄂敏滿洲鑲藍旗人
吳瑋浙江淳安人　陳亮世福建南安人

吳士珣江南吳縣人　孫灝浙江錢塘人

朱鳳英江西南昌人　柏謙江南崇明人

佟保滿洲正藍旗人　徐以烜浙江錢塘人

王宗燦漢軍正黃旗人　嵇璜江南無錫人

陳其凝河南夏邑人　林令旭江南婁縣人

徐敏第河南夏邑人　劉元燮河南湘潭人

曹一士江南青浦人　任應烈浙江錢塘人

程盛修江南泰州人　吳履泰福建侯官人

陳中四川墊江人　嚴樹基浙江歸安人
張先蹐福建漳浦人　高璿山東諸城人
敷文滿洲鑲黄旗人　盧秉純山西臨汾人
阮學浩江南山陽人　嚴燧浙江仁和人
韓彦曾江南長洲人　許希孔雲南昆明人
薛韞陜西雒南人　楊秀順天固安人
額爾登額蒙古正白旗人　孫倪城江南崑山人
李賢經貴州南籠人　裘思録江西新建人

色通額 滿洲正黄旗人　王廷鴻 湖北孝感人

雍正十一年癸丑科

陳俟 江南儀徵人　田志勤 順天大興人

沈文鎬 江南崇明人　張若靄 江南桐城人

任啓運 江南荆溪人　張映辰 浙江仁和人

吴祖修 江南武進人　張湄 浙江錢塘人

鄂容安 滿洲鑲藍旗人　雷鋐 福建寧化人

朱桓 江南宜興人　朱泮功 浙江歸安人

鄂倫 滿洲鑲藍旗人

周正思 福建福清人

儲晉觀 江南宜興人

陳大受 湖南祁陽人

董邦達 浙江富陽人

姚孔鈵 江南桐城人

張為儀 浙江海寧人

阮學濬 江南山陽人

范從律 浙江鄞縣人

張瑗 湖廣湘潭人

陸嘉穎 浙江仁和人

汪師韓 浙江錢塘人

徐良棟 江南金匱人

夏廷芝 江南高郵人

吳學瀚 江西高安人

許集 江南吳縣人

肇敏滿洲正黄旗人　沈景瀾江南元和人

朱續晫山東平陰人　張映斗浙江烏程人

時鈞轍江南嘉定人　王錫璋河南河内人

曾豐福建侯官人　楊二酉山西太原人

陳仁廣西武宣人　王檢山東福山人

梁文山山西介休人　焦以敬江南婁縣人

程鍾彦浙江嘉善人　雙慶滿洲鑲白旗人

賴翰顒福建平和人　羅源漢湖南長沙人

王文充江南儀徵人　李修卿福建福清人

查錫韓江南休寧人　馮元欽江南長洲人

李天秀陝西華陰人　劉孔昭山東文登人

劉學祖山東掖縣人　卲玖華廣東海陽人

唐進賢江南含山人　張宗說河南夏邑人

介　福滿洲鑲黃旗人　沈齊禮浙江烏程人

赫成峩滿洲正黃旗人　吳士功河南光州人

王芥園江南丹徒人　杜　謐貴州遵義人

劉元炳湖南湘潭人　胡定廣東保昌人

張蘭清四川長壽人　于開泰陝西扶風人

楊琨湖廣新化人　傅為詝雲南建水人

饒鳴鎬廣東大埔人　辛昌五廣東順德人

聶位中江西萬年人　陳中榮貴州綏陽人

王以昌江南江寧人　宋楠浙江建德人

趙瓚漢軍鑲黄旗人

乾隆元年丙辰科

金德瑛浙江仁和人　黄孫懋山東曲阜人

秦蕙田江南金匱人　蔡新福建漳浦人

曹秀先江西新建人　游得宜陝西大荔人

趙青藜江南涇縣人　甄鏽山西平定人

何達善河南濟源人　史圜浙江歸安人

方簡江南懷遠人　張大宗浙江仁和人

孫畧江南全椒人　李為棟四川巴縣人

徐鐸江南鹽城人　金門詔江南江都人

萬年茂湖北黄岡人　季芳馨江南泰興人

張麟錫浙江山陰人　張尹江南桐城人

周資陳陝西高陵人　張孝捏山西沁州人

顧之麟浙江仁和人　肚德滿洲正黄旗人

王見川福建永定人　閔棠江南鎮洋人

王東和浙江會稽人　楊黼時廣東大埔人

郝世正湖北雲夢人　史積琦浙江會稽人

李清芳福建安溪人　蘊襄雲山東武城人

彭樹葵河南夏邑人　潘乙震廣西東蘭人
鄧時敏四川廣安人　興泰滿洲正黄旗人
羅世芳順天大興人
邵鐸浙江鄞縣人　仲永檀山東濟寧人
朱瑾江西高安人　蔣栻之浙江鄞縣人
全祖望浙江鄞縣人　李師中山東高密人
鶴年滿洲鑲藍旗人　雙頂滿洲正白旗人
龔渤雲南麗江人　張若潭江南桐城人

鍾音 滿洲鑲藍旗人

胡傑 廣東順德人

吳喬齡 江南吳縣人

吳泰 江南山陽人

江漢 江西新建人

曠敏本 湖廣衡山人

葉一棟 江西新建人

郭擢 河南洛陽人

李兆鈺 湖北鍾祥人

熊郢宣 雲南昆明人

王育枏 山西猗氏人

黃璋 貴州鎮寧人

周應宿 浙江山陰人

洪汝勳 貴州銅仁人

鄭毓善 江南靖江人

侯陳齡 江南金匱人

趙允涵直隸易州人　陸儀奉天錦縣人

劉起振廣東海陽人

乾隆元年丙辰博學宏詞科

一等

劉綸編修江南武進人廩生　潘安禮編修江西南城人進士員外郎

諸錦編修浙江秀水人庶吉士改教授　于振編修江南金壇人修撰改行人

杭世駿編修浙江仁和人舉人

二等

楊度汪庶吉士江南無錫人拔貢生　陳兆崙檢討浙江錢塘人進士中書舍人

劉玉麟改名藻檢討山東荷澤人舉人教諭　沈廷芳庶吉士浙江仁和人監生

夏之蓉　檢討　江南高郵人　進士教諭

汪士鍠　庶吉士　江南休寧人　副貢生

陳士璠　庶吉士　浙江錢塘人　增生

齊台南　庶吉士　浙江天台人　副貢生

周長發　檢討　浙江會稽人　庶吉士改教諭

程　恂　檢討　江南休寧人　庶吉士改員外郎

乾隆二年丁巳科

于敏中　江南金壇人

林枝春　福建福清人

任端書　江南溧陽人

孫宗溥　浙江仁和人

何其睿　江西贛縣人

宋邦綏　江南長洲人

觀　保　滿洲正白旗人

張若需　江南桐城人

馮秉仁山東濟南人　黃明懿廣西臨桂人
錢琦浙江仁和人　周玉章浙江仁和人
王會汾江南無錫人　吳紱江南宜興人
郭肇鐄江南全椒人　馮祁山西代州人
龔學海湖廣天門人　程廷棟湖北漢川人
黃宮江南陽湖人　德保滿洲正白旗人
陸樹本浙江嘉興人　李龍官江西寧都人
沈雲聳浙江烏程人　劉烱山西安邑人

丁一燾 湖南衡陽人 胡師孟 湖南湘潭人

周禮 直隸大名人 帥家相 江西奉新人

張九鎰 湖南湘潭人 盧憲觀 順天宛平人

王士瀚 陝西咸寧人 白瀛 山西興縣人

周煌 四川涪州人 路斯道 山東諸城人

劉慥 雲南永北人 李質穎 漢軍正白旗人

穌霖潤 雲南趙州人 劉天位 湖南武陵人

歐堪善 廣東樂昌人 高繼光 四川巴縣人

謝廷瑜 廣西全州人　納國棟 滿洲正黃旗人

牛琳 直隸天津人　杜鶴翔 四川忠州人

辛有光 山東日照人　廖鴻章 福建永定人

蔣祖培 雲南鶴慶人　鄭肇奎 廣東潮陽人

林維雍 福建福清人　張日譽 河南商邱人

陳世烈 雲南建水人　王寯 山東膠州人

周連登 陝西涇陽人　諾敏 滿洲正白旗人

張元龍 陝西郿縣人　莫世忠 廣東高明人

李時勉 河南商城人　蔣允焄 貴州貴筑人

朱若炳 廣西臨桂人　孫維 貴州威寧人

彭遵泗 四川丹稜人　覺羅德成格 滿洲鑲黄旗人

乾隆二年丁巳博學宏詞科

一等

萬松齡 檢討 江南宜興人 舉人中書舍人

二等

朱荃 庶吉士 浙江桐鄉人 附生　洪世澤 庶吉士 福建南安人 附生

張漢 檢討 雲南石屏人 檢討改知府

乾隆四年己未科

莊有恭廣東番禺人　涂逢震江西南昌人

秦勇均江南金匱人　陸秩浙江錢塘人

官獻瑶福建安溪人　袁枚浙江錢塘人

陳大晼江南溧陽人　裘曰修江西新建人

沈德潛江南長洲人　蔣麟昌江南陽湖人

楊開鼎江南甘泉人　孫拱極福建連江人

儲麟趾江南荆溪人　程景伊江南武進人

徐景熹浙江錢塘人　曹經江西新建人

梁啓心浙江仁和人　鞠遜行山東海陽人

姚廷祐直隸宣化人　徐垣順天大興人

金文淳浙江錢塘人　軒轅詰山東汶上人

喻煒江西南昌人　唐炳浙江歸安人

蔡揚宗湖廣湘潭人　林興濟山東濟寧人

徐文煜順天大興人　陶鏞江南蕪湖人

王覺蓮貴州貴筑人　葉酉江南桐城人

馮成修廣東南海人　鈕汝麒浙江桐鄉人

管一清 江南江都人　洪科捷 福建南安人

繆敦仁 江南吳縣人　王錦 順天大興人

邱柱 江南山陽人　王化南 陝西武威人

邵其德 雲南保山人　卜寧一 山東日照人

朱櫄 陝西長安人　王居正 山西蒲縣人

吳嗣富 浙江錢塘人　陳中龍 湖北安陸人

詹肯構 廣東饒平人　曾尚增 山東長清人

陳士琰 廣西平樂人　何疇 廣西容縣人

伊貴綬 蒙古正白旗人　鄭志鯨 河南太康人

劉斯和 河南郟縣人　出科聯 福建惠安人

周燾 湖南茶陵人　興國 滿洲正黃旗人

黃澍綸 湖南善化人　伊興阿 滿洲鑲白旗人

徐孝常 江南上元人　趙德昌 滿洲鑲藍旗人

楊培 貴州清平人　孫景烈 陝西武功人

羅愔 四川巴縣人　廩格 滿洲正黃旗人

傅隆阿 滿洲鑲藍旗人　程巖 江西鉛山人

周人麟直隸天津人　陳汝睿四川叙永廳人

乾隆七年壬戌科

金甡浙江仁和人　楊述曾江南陽湖人

湯大紳江南陽湖人　張進江南吳縣人

張泰開江南金匱人　潘偉江南休寧人

鍾鳳翔浙江海寧人　蔡雲從江南桐城人

邵齊燾江南昭文人　姚範江南桐城人

劉炳直隸任邱人　李清時福建安溪人

查庫蘭蒙古鑲白旗人　竇光鼐山東諸城人
孫廷槐浙江仁和人　朱佩蓮浙江海鹽人
丁居信江南儀真人　莊有信廣東鶴山人
鄭虎文浙江秀水人　德保滿洲正藍旗人
蔡時田四川崇寧人　凌鎬江南吳縣人
李應熙湖北興國人　朱盛江湖北監利人
徐璋浙江德清人　經聞滿洲正白旗人
王鋌山東萊陽人　朱履端浙江桐鄉人

杜若拙 山西平陸人　顧汝修 四川華陽人

盛格 滿洲正白旗人　戈岱 直隸景州人

鄭有則 河南睢寧人　劉錫齡 漢軍正黄旗人

吴鵬南 福建連江人　羅暹春 江西吉水人

閻循琦 山東昌樂人　周世紫 河南祥符人

覺羅奉寬 滿洲正黄旗人　田沇 雲南建水人

惠元士 陝西盩厔人　金洪 順天大興人

蔣辰祥 河南睢州人　叢中茳 山東蓬萊人

胡澤潢湖南寧鄉人　周孔從江西寧州人
王康佐江南句容人　王世仕貴州貴筑人
李金臺湖北黄陂人　廖方蓮廣西桂林人
何紹東廣西富川人　勞　通廣東順德人
陳桂洲福建南安人　黄遇隆湖南寧鄉人
熊元龍貴州貴筑人　王太岳直隸定興人
熊為霖江西新建人

乾隆十年乙丑科

錢維城 江南武進人

莊存與 江南武進人

王際華 浙江錢塘人

章愷 浙江嘉善人

沈志祖 江南吳縣人

歐陽正煥 湖南衡山人

薛芝 浙江仁和人

蔣元益 江南長洲人

李因培 雲南晉寧人

史貽謨 江南溧陽人

徐開厚 浙江德清人

張甄陶 福建福清人

張若澄 江南桐城人

徐光文 順天宛平人

趙秉忠 江南興化人

秦鐄 江南金匱人

李友棠 江西臨川人　厲守謙 直隸靜海人

國柱 滿洲正黃旗人　王協和 江南天長人

宋弼 山東德州人　劉元熙 湖南湘潭人

毛輝祖 山東歷城人　顧濼 浙江仁和人

楊演時 廣東大埔人　錢士雲 雲南昆明人

温敏 滿洲正藍旗人　蔡淮 福建漳浦人

楊永謨 河南河内人　許菼 浙江海寧人

張紹渠 江西鉛山人　謝溶生 江南儀真人

朱若東廣西臨桂人　積善漢軍鑲白旗人

邵齊烈江南昭文人　楊瑝湖南湘潭人

湯蕘聯浙江仁和人　單鐸順天寶坻人

黃叔顯廣東連平人　孫漢湖北漢陽人

王楷河南輝縣人　冀文錦山西平樂人

梁濟瀍陝西皋蘭人　馮秉燊順天大興人

李英江南宜興人　温如玉直隸撫寧人

夢麟蒙古正白旗人　何德新貴州開州人

楊士銘　山東即墨人　楊維震　四川成都人

宗室達麟圖　滿洲正藍旗人　張馨　陝西臨潼人

范泰恒　河南河內人　舒祿　滿州鑲紅旗人

補選庶吉士

王崇簡　順天宛平人順治初補選庶吉士

岳映斗　陝西三原人順治初補選庶吉士

魏天賞　河南遂平人順治初補選庶吉士

陳夢球　福建同安人康熙甲戌進士補選庶吉士

俞陳琛 浙江錢塘人康熙庚戌進士補選庶吉士

帥念祖 江西奉新人雍正癸卯進士補選庶吉士

改授館職

張允欽 江南長洲人順治壬辰進士郎中改侍讀

王士禎 山東新城人順治戊戌進士郎中改侍讀

杜鎮 直隸南宫人順治戊戌進士中書舍人改編修

勵杜訥 直隸静海人福建永春州州同改編修

高士奇 浙江錢塘人中書舍人陞侍講

王原祁 江南太倉人康熙庚戌進士給事中改中允

魏學誠 山西蔚州人康熙壬戌進士中書舍人改編修

趙申季 江南武進人康熙丁丑進士知縣改編修

陳聶恒 江南婁縣人康熙庚辰進士主事改編修

錢以塏 浙江嘉善人康熙戊辰進士左通政改少詹事

趙殿最 浙江錢塘人康熙癸未進士按察使改少詹事

陸宗楷 浙江仁和人雍正癸卯進士景山教習授檢討

夏之芳 江南高郵人雍正癸卯進士景山教習授編修

黃岳牧　福建晉江人雍正癸卯進士景山教習授檢討

姜頡新　江南如臯人雍正癸卯進士會典館纂修授編修

康五瑞　江西安福人康熙丁丑進士給事中改侍讀學士

方苞　江南桐城人康熙丙戌會試中式舉人授中允

陳厚耀　江南泰州人康熙丙戌進士教授改編修

王懋竑　江南寶應人康熙戊戌進士教授改編修

陳學海　江西永豐人康熙癸巳進士御史改檢討

僧格勒　滿洲正黃旗人康熙癸巳進士庶子降調考授編修

廖必琦福建莆田人雍正甲辰進士額外主事改庶吉士

詞林典故卷八

總校官候補知府臣葉佩蓀
校對官中書臣程炎
謄錄監生臣嚴炳

圖書在版編目(CIP)數據

詞林典故 / (清) 鄂爾泰, (清) 張廷玉撰. — 北京: 中國書店, 2018.8
ISBN 978-7-5149-2049-9

Ⅰ. ①詞… Ⅱ. ①鄂… ②張… Ⅲ. ①官制－中國－古代 Ⅳ. ①D691.42

中國版本圖書館CIP數據核字(2018)第080093號

四庫全書·職官類

詞林典故

作者　清·鄂爾泰　張廷玉撰
出版發行　中國書店
地址　北京市西城區琉璃廠東街一一五號
郵編　一〇〇〇五〇
印刷　山東汶上新華印刷有限公司
開本　730毫米×1130毫米　1/16
印張　53.25
版次　二〇一八年八月第一版第一次印刷
書號　ISBN 978-7-5149-2049-9
定價　一九〇元(全二册)